国家职业技能鉴定考试指导

保育员

（初级）

第2版

主　编　王普华　赵翠红
副主编　曹　冬　毛秀芹
编　者　张小永

中国劳动社会保障出版社

图书在版编目(CIP)数据

保育员．初级/人力资源和社会保障部教材办公室组织编写．—2 版．—北京：中国劳动社会保障出版社，2012

国家职业技能鉴定考试指导

ISBN 978-7-5045-9671-0

Ⅰ.①保…　Ⅱ.①人…　Ⅲ.①幼教人员-职业技能-鉴定-自学参考资料　Ⅳ.①G615

中国版本图书馆 CIP 数据核字(2012)第 066114 号

中国劳动社会保障出版社出版发行

（北京市惠新东街 1 号　邮政编码：100029）

出 版 人：张梦欣

*

三河市华骏印务包装有限公司印刷装订　新华书店经销

787 毫米×1092 毫米　16 开本　9 印张　171 千字

2012 年 4 月第 2 版　2021 年 1 月第 16 次印刷

定价：16.00 元

读者服务部电话：（010）64929211/84209101/64921644

营销中心电话：（010）64962347

出版社网址：http: // www.class.com.cn

编写说明

《国家职业技能鉴定考试指导》（以下简称《考试指导》）是《国家职业资格培训教程》（以下简称《教程》）的配套辅助教材，每本《教程》对应配套编写一册《考试指导》。《考试指导》共包括两部分内容：

第一部分：鉴定指导。此部分内容按照《教程》章的顺序，对照《教程》各章内容编写。每章包括五项内容：考核要点、重点复习提示、理论知识辅导练习题、理论知识辅导练习题参考答案及说明、操作技能辅导练习题。

——考核要点是依据国家职业标准、结合《教程》内容归纳出的考核重点，以表格形式叙述。

——重点复习提示为《教程》各章内容的重点提炼，使读者在全面了解《教程》内容的基础上重点掌握核心内容，达到更好地把握考核要点的目的。

——理论知识辅导练习题题型采用三种命题方式，即判断题、单项选择题、多项选择题，题目内容、题目数量严格依据考核要点，并结合《教程》内容设置。

——理论知识辅导练习题参考答案及说明中，除参考答案外对题目还配有简要说明，重点解读出题思路、答题要点等易出错的地方，目的是使读者能够在完成解题的同时对学过的内容重新进行梳理。

——操作技能辅导练习题题型按职业实际情况安排了实际操作题、模拟操作题、案例选择题、案例分析题、情景题、写作题等，部分职业还依据职业特点及实际考核情况采用了其他题型。

第二部分：模拟试卷。包括该级别理论知识考试模拟试卷、理论知识考试模拟试卷参考答案及操作技能考核模拟试卷。理论知识考试模拟试卷体现了本职业该级别大部分理论知识考核要点的内容；操作技能考核模拟试卷完全涵盖了操作技能考核范围，体现了操作技能考核要点的内容。

本职业《考试指导》共包括 4 本，即基础知识、初级、中级和高级。本书是其中的一本，适用于对初级保育员的职业技能培训和鉴定考核。

编写《考试指导》有相当的难度，是一项探索性工作。由于时间仓促，缺乏经验，不足之处在所难免，欢迎各使用单位和个人提出宝贵意见和建议。

目　录

第一部分　鉴定指导

第二部分　模拟试卷

第一部分 鉴定指导

第1章 卫生管理

考核要点

考核范围	理论知识考核要点	重要程度	操作技能考核要点	重要程度
清洁	1. 环境清洁对婴幼儿身心发展的作用	熟悉	1. 活动室清洁	熟悉
	2. 室内清洁工作的一般工作程序	掌握	2. 整理清洁床铺	掌握
	3. 除四害的相关知识	掌握	3. 盥洗室清洁	掌握
	4. 病毒和细菌的相关知识	了解	4. 清洁双手	掌握
	5. 开窗通风的相关知识	掌握	—	—
消毒	1. 学前教育机构常用消毒方法	掌握	1. 桌椅消毒	了解
	2. 学前教育机构常用消毒方法的适用范围	熟悉	2. 户外大型玩具消毒	熟悉
	3. 学前教育机构中常用消毒剂	掌握	3. 塑料玩具消毒	掌握
	4. 学前教育机构中常用消毒剂的作用	掌握	4. 床上用品消毒	掌握

重点复习提示

一、清洁

1. 环境清洁对婴幼儿身心发展的作用

环境清洁有利于婴幼儿身心健康、养成良好的生活卫生习惯和有效预防各类传染病。因此，学前教育机构要有效地指导家长做好家庭的卫生清洁工作，共同保障婴幼儿生活环境的清洁。

2. 室内清洁的一般工作程序

（1）活动室清洁的一般工作程序：开窗通风→擦拭灯具→清洁墙壁→擦拭门→擦拭窗→清洁玩具柜→擦拭桌椅→清洁地面→物品摆放→清洁抹布、拖把。

（2）卧室清洁的一般工作程序：开窗通风→清洁窗帘→擦拭灯具→清洁墙壁→擦拭门→擦拭窗→整理床铺→清洁地面→洗刷拖鞋。

（3）盥洗室清洁的一般工作程序：开窗通风→擦拭灯具→清洁墙壁→擦拭门→擦拭窗→清洁保温桶→清洁水杯→清洁毛巾（干手器）→清洁水池→冲洗便池→准备香皂、卫生纸→清洁地面→垃圾处理→清洁双手。

以上清洁工作程序只是一般的做法，具体工作程序还应根据实际情况由保育员自己灵活掌握。

3. 除四害的相关知识

了解四害对人类健康的危害和掌握防灭四害的有效措施对做好保育工作至关重要。

（1）老鼠的危害主要是传播疾病和造成经济损失两大方面。防止老鼠生存、繁衍的方法主要有：彻底治理园所环境；断绝老鼠的水源、食源；使用结实耐用的挡鼠栅栏，栅栏不低于 60 cm，防止老鼠进入。消灭老鼠的有效措施主要有物理灭鼠、生物灭鼠和生态灭鼠。

（2）苍蝇的危害主要是携带细菌、病毒以及寄生虫卵；传播肠道传染病或寄生虫病。防灭苍蝇的有效措施主要有彻底治理学前教育机构周围及内部的环境卫生，消除苍蝇滋生地；药杀苍蝇；启用纱门、纱窗和纱罩等。

（3）蚊子的危害主要是传播乙型脑炎、疟疾等危害人体健康的传染病；刺叮、骚扰人类。防灭蚊子的有效措施是经常清理学前机构周围或者学前机构里各种容器里的积水，消除蚊子滋生地；有效毒杀蚊子和放置灭蚊灯、物理灭蚊等。

（4）蟑螂的危害主要是传播危害人体健康的传染病，使人产生过敏反应，造成设施设备损坏等。防灭蟑螂的有效措施是清除蟑螂栖息场所，进行物理防治和化学防治。

4. 病毒和细菌的相关知识

细菌是由真正的细胞构成的，有自我繁殖的能力；病毒不是由细胞构成的，是由 DNA 或 RNA 的一个分子构成的，它们不吸收营养、不呼吸、不能靠自身力量繁殖，但它们能在进入生物细胞后增殖。

病毒性上呼吸道感染和细菌性上呼吸道感染是有区别的。主要从上呼吸道感染是否具有明显的群发性，咽部症状是否明显，有无脓性分泌物，起病是否急骤，白细胞总数是否见高；服用退热药物后能否取得明显的退热效果等几方面来判断两者的区别。

5. 开窗通风的相关知识

开窗通风对婴幼儿身体健康的重要作用主要体现在两方面：满足婴幼儿对氧气的需要；

保持空气新鲜，有效减少致病微生物。

开窗通风的工作内容：当室温与外界温度相近时，可实行全天通风。当外界温度与室内温度差别较大时，如冬季和夏季，每日婴幼儿不在室内时至少通风两次。每次通风时间为 15～20 min。

6. 活动室清洁

(1) 工作准备：活动室专用干抹布、半干抹布、湿抹布各 1 块，干拖把、湿拖把各 1 把，鸡毛掸子、水盆、水桶、洗涤剂、酒精、棉棒等清洁工具。

(2) 重点工作程序要求：

擦拭门：擦拭门框时，要求从上到下，用干净的半干抹布擦拭门框和门边棱；擦拭门主体时，要求从上到下，用干净的半干抹布擦拭门主体部分的正反两面；擦拭门把手时，要求用干净的湿抹布擦拭门把手后，用清洁剂彻底擦拭有油污处，再用半干抹布擦拭门把手。

擦拭桌面：第一次清水擦拭时，要求用清水抹布将桌面完整擦拭一遍；再用肥皂水擦拭时，要求用抹布沾肥皂水擦拭桌面，并清理油污处；第二次清水擦拭时，要求用清水抹布将肥皂残留液擦拭干净。

清洁玩具柜：先用干净的湿抹布擦拭玩具柜里层和外层，再将清洁后的玩具整齐地摆放在清洁后的玩具柜内。

清洁地面：扫地时，压住扫帚，由里向外按顺序清扫，并将垃圾收起；拖地时，要选择半干的干净拖把，从里面向门口倒退着从左向右横拖。

7. 整理清洁床铺

(1) 清洁床体：按照从上到下的顺序，清洁床头、床栏、床框、床腿，要正确使用半干的干净抹布。

(2) 整理床单褥子：将床单褥子铺平并清扫铺面。

(3) 叠被子：将被子叠放整齐。

8. 盥洗室清洁

重点工作程序要求：

(1) 清洁水杯：用清水冲洗水杯，然后用清洁水杯的专用抹布借助洗洁精擦洗水杯内外，再用清水冲洗干净，杯口朝下放置在专用晾杯架上晾干。

(2) 清洁水池：先将水池中的污物捡拾干净，再用清洁水池的专用清洁布蘸些去污粉（或洗衣粉、洗涤剂）擦拭水池，将水池中的油污、水渍、污物彻底清除掉，最后用清水冲洗水池，做到水池光滑、无污物、无异味。

9. 清洁双手

(1) 在水龙头下冲洗双手。

（2）打肥皂后，双手相互搓手心、手背、指尖和虎口位置，最少揉搓 10 秒钟。

（3）用流动水冲洗 10 秒钟，并用手捧水冲洗水龙头。

（4）用干毛巾或纸巾彻底擦干双手。

（5）保育员应在清洁杯具、餐具前及卫生扫除后及时清洁双手，避免双手造成的污染。

二、消毒

1. 学前教育机构常用消毒方法及其适用范围

掌握煮沸消毒、蒸汽消毒、消毒剂消毒、紫外线灯消毒和日晒消毒等常用消毒方法及其适用范围。

煮沸消毒是将需要消毒的物品放入煮锅内用水全部淹没，加热煮沸的一种消毒方法。水沸后开始计时，持续煮沸 15～20 min。适用于餐饮具、毛巾、餐巾、服装、床单等耐热物品。

蒸汽消毒是利用 100℃水蒸气进行消毒的一种方法。消毒时间应在水沸腾并冒出蒸汽后开始计算 10～20 min。被消毒的物品应垂直放置，并留有空隙。适用于餐饮具、餐桶和菜盆等。

消毒剂消毒是用按比例配制的消毒剂溶液将物品全部浸没进行浸泡，或者用消毒抹布对需要消毒物品进行擦拭，或者用喷雾器将消毒剂溶液进行喷洒，以达到消毒目的的消毒方法。适用于织物、耐湿玩具、便具、塑料制品等的浸泡消毒，家具、门把手、水龙头等物体表面以及地面、墙面的擦拭消毒和室内空气、居室表面和家具表面的喷洒消毒。

紫外线灯消毒是用紫外线灯对室内空气、物体表面进行照射消毒的一种消毒方法。适用于室内空气、物体表面消毒。

日晒消毒是将各类物品放在太阳下进行直接照射 3～6 h，以达到用紫外线消毒灭菌的一种简便可行的消毒方法。适用于衣服、被褥、书籍、玩具等。

2. 学前教育机构常用消毒剂及其作用

掌握含氯消毒剂、过氧乙酸、来苏水等用于环境设施的消毒剂和碘伏、碘酊、酒精等用于皮肤消毒的消毒剂，了解它们的主要作用。

含氯消毒剂主要包括 84 消毒液（有效氯含量应在 400～700 mg/L）、漂白粉、次氯酸钠等，用于学前教育机构中物体表面擦拭、地面喷洒或设施设备、玩教具消毒。漂白粉液用于便池、痰盂消毒。过氧乙酸、来苏水等常用于传染病发生后的疫源地消毒、物品消毒。碘伏、碘酊和酒精常用于皮肤消毒和医疗器械消毒。

3. 桌椅消毒

（1）擦拭：用清水抹布将桌椅擦拭干净。

（2）消毒：使用1∶200的84消毒液擦拭一遍；使消毒液滞留15～30 min。

（3）擦拭：用清水擦拭一遍。

4. 户外大型玩具消毒

（1）清洗：用清水将户外大型玩具各部位清洗干净。

（2）消毒：用1∶200的84消毒液对户外大型玩具各部位进行喷洒，或用消毒抹布进行均匀擦拭，滞留15～30 min。

（3）清洗：用清水擦拭一遍。

5. 塑料玩具消毒

（1）清洗：用清水将塑料玩具冲洗干净。

（2）消毒：用1∶200的84消毒液浸泡10 min。

（3）清洗：用清水冲洗干净，再在阳光下晾晒。

6. 床上用品消毒

（1）天气晴好时：在有阳光照射处拉绳；被褥之间间隔40～50 cm，防止交叉感染；晾晒时间为2～4 h。

（2）阴雨天气时：将婴幼儿被褥平摊开在紫外线灯下消毒30 min。

理论知识辅导练习题

一、判断题（下列判断正确的请在括号内打“√”，错误的请在括号内打“×”）

1. 学前教育机构只须做好本机构的卫生清洁工作，没有必要指导家长做好家庭环境的卫生清洁工作。（　　）

2. 老鼠对人类的危害主要表现在传播疾病和造成经济损失两大方面。（　　）

3. 食堂入口应使用不低于60 cm的挡鼠栅栏，防止老鼠进入，出口则不用挡鼠栅栏。（　　）

4. 学前教育机构中各功能室内不储藏各种食物，断绝老鼠的水源、食源，可有效防止老鼠的生存和繁衍。（　　）

5. 苍蝇对人类的危害主要表现在它携带细菌、病毒以及寄生虫卵，污染食物和食具，可传播肠道传染病或寄生虫病。（　　）

6. 蚊子对人类的危害主要表现在它叮咬人类，并影响人类正常的生活与休息。（　　）

7. 在灭蚊的有效措施中，在活动室、卧室放置灭蚊灯进行物理灭蚊，是既环保又有效的措施。（　　）

8. 在学前教育机构中防灭蟑螂可采用粘蟑纸、开水烫杀、低温冻死等有效手段，进行

物理防治。（ ）

9. 细菌与病毒是导致人类和其他生物患上许多传染性疾病的根源，它们是两种相同的有机体。（ ）

10. 细菌是由真正的细胞构成的，有自我繁殖的能力；病毒实质上是一种基因信息，不能靠自身力量繁殖，它们能在进入生物细胞后增殖。（ ）

11. 细菌性上呼吸道感染以散发性多见，患者身旁少有或没有同时患有上呼吸道感染发热病人。（ ）

12. 对有发热症状的细菌性上呼吸道感染者服用退热药，退热效果较差，全身症状亦无明显改善。（ ）

13. 室内清洁一般按照从下到上、从左到右、从外到里的顺序进行。（ ）

14. 活动室清洁的一般工作程序是：擦拭灯具→清洁墙壁→擦拭门→擦拭窗→清洁玩具柜→擦拭桌椅→清洁地面→物品摆放→清洁抹布、拖把→开窗通风。（ ）

15. 进行全面清洁工作前，保育员应先将室内窗户打开，保持室内外空气流通，避免室内浮尘造成空气污染。（ ）

16. 每次餐前、餐后和每次桌面活动后应该用干净的半干抹布擦拭桌面，以保持桌面的清洁。（ ）

17. 当室温与外界温度相近时，可实行全天通风；在室外空气质量较差时（如雾天、大风天、沙尘暴等），也要坚持开窗通风。（ ）

18. 含氯消毒剂主要用于学前教育机构中物体表面擦拭、地面喷洒或设施设备、玩教具消毒。（ ）

19. 煮沸消毒就是将需要消毒的物品放入煮锅内用水全部淹没，加热煮沸的一种消毒方法。水沸后开始计时，持续煮沸 3 min。（ ）

20. 紫外线灯消毒是用紫外线灯对室内空气、物体表面进行照射消毒的一种消毒方法。（ ）

21. 日晒消毒是将各类物品放在太阳下进行直接照射 0.5 h，以达到用紫外线消毒灭菌的一种简便可行的消毒方法。（ ）

22. 学前教育机构中室内要有带盖密封的垃圾桶，垃圾必须每天下班前定时倾倒处理，杜绝垃圾在室内过夜。（ ）

23. 碘伏、碘酊和酒精一般常用于常用物品表面的消毒。（ ）

24. 消毒灯工作时，门口的显眼处要有醒目提示，以防止婴幼儿或家长误入，造成人身伤害。（ ）

25. 喷洒消毒液进行消毒时，为了操作方便，不用穿隔离服、戴口罩。（ ）

二、单项选择题（下列每题有4个选项，其中只有1个是正确的，请将其代号填写在横线空白处）

1. 环境清洁有利于婴幼儿养成良好的________习惯。

A. 生活卫生　　B. 饮食

C. 睡眠　　D. 学习

2. 环境清洁能有效地预防和减少学前教育机构中________的发生，保证婴幼儿的身心健康。

A. 癫痫病　　B. 佝偻病

C. 常见病　　D. 传染病

3. 蚊子主要传播乙型脑炎、________等危害人体健康的传染病。

A. 疟疾　　B. 肠炎

C. 流感　　D. 寄生虫病

4. 苍蝇携带细菌、病毒以及寄生虫卵，污染食物和食具，可传播________传染病或寄生虫病。

A. 肠道　　B. 呼吸道

C. 皮肤　　D. 疟疾

5. 改善学前教育机构周围的居住环境，让老鼠没有生存之处属于灭鼠有效措施里面的________。

A. 生物灭鼠　　B. 物理灭鼠

C. 生态灭鼠　　D. 药物灭鼠

6. 在所有的灭鼠措施中，最不适用于学前教育机构的是________。

A. 生物灭鼠　　B. 物理灭鼠

C. 生态灭鼠　　D. 药物灭鼠

7. 蟑螂可携带________、大肠杆菌等40余种致病细菌，携带蛔虫、蛲虫等多种蠕虫卵，会传播危害人体健康的传染病。

A. 痢疾杆菌　　B. 跳蚤

C. 病毒　　D. 细菌

8. 蟑螂取食时会产生有臭味的分泌物，可使人产生________反应。

A. 过敏　　B. 发热

C. 流感　　D. 化学

9. 病毒性上呼吸道感染具有明显的________的特点，短期内有多数人发病，或一家人中有数人发病。

A. 散发性　　B. 群体发病

C. 个别发病　　D. 全体发病

10. 细菌性上呼吸道感染时白细胞总数和中性粒细胞百分数均________。

A. 增高　　B. 降低

C. 正常　　D. 无变化

11. 学前教育机构中室内清洁的一般工作程序中第一个工作程序是________。

A. 开窗通风　　B. 擦拭灯具

C. 整理床铺　　D. 清洁地面

12. 学前教育机构中消毒灯管一般________清洁一次。

A. 每天　　B. 每周

C. 每月　　D. 每年

13. 学前教育机构的保教人员可利用自我服务时间教________幼儿练习擦桌椅。

A. 托班　　B. 小班

C. 中班　　D. 中大班

14. 刷洗拖鞋后要用 1∶100 浓度的 84 消毒液浸泡________ min 消毒，清水冲洗后在阳光下暴晒或晾干。

A. 10　　B. 30

C. 60　　D. 100

15. 保持开窗通风可________空气中致病细菌的浓度，新鲜空气对致病微生物具有一定的杀伤作用。

A. 降低　　B. 提高

C. 均衡　　D. 加大

16. 开窗通风可有效保证室内空气的对流，满足婴幼儿对________的需要。

A. 空气　　B. 氧气

C. 二氧化碳　　D. 氢气

17. 冬季每次开窗通风时间一般为________ min。

A. 5　　B. 15～20

C. 60　　D. 100

18. 当外界温度与室内温度差别较大时，如冬季和夏季，每日婴幼儿不在室内时，至少通风________。

A. 一次　　B. 两次

C. 三次　　D. 四次

19. 煮沸消毒是将需要消毒的物品放入煮锅内用水全部淹没，加热煮沸的一种消毒方法。水沸后开始计时，持续煮沸________ min。

A. 3　　B. 5

C. 15～20　　D. 60

20. 被蒸汽消毒的物品应________放置，并留有空隙。

A. 交叉　　B. 均匀

C. 水平　　D. 垂直

21. 紫外线灯消毒是用紫外线灯进行照射消毒的一种消毒方法。这种消毒方法一般适用于室内空气和________。

A. 餐饮具　　B. 皮肤表面

C. 物体内部　　D. 物体表面

22. 日晒消毒是将各类物品放在太阳下进行直接照射________ h，以达到用紫外线消毒灭菌的一种简便可行的消毒方法。

A. 0.5　　B. 1

C. 1.5　　D. 3～6

23. 常用于皮肤消毒和医疗器械消毒的消毒剂有碘伏、碘酊和________。

A. 含氯消毒剂　　B. 过氧乙酸

C. 漂白粉　　D. 酒精

24. 用按比例配制的消毒剂溶液将物品全部浸没进行浸泡，或者用消毒抹布对需要消毒的物品进行擦拭，或者用喷雾器喷洒消毒剂溶液，以达到消毒目的的消毒方法为________。

A. 消毒剂消毒　　B. 日晒消毒

C. 紫外线灯消毒　　D. 蒸汽消毒

25. 在阳光充足的天气条件下，衣服、被褥、书籍、毛绒玩具等物品可以采用________进行消毒。

A. 日晒　　B. 消毒剂

C. 蒸汽　　D. 紫外线灯

26. 用装有消毒剂溶液的普通喷雾器进行喷洒消毒，以使物体表面全部湿润，作用至规定时间，这种消毒方法称为________。

A. 喷洒消毒　　B. 擦拭消毒

C. 浸泡消毒　　D. 日晒消毒

27. 可适用于对餐饮具、毛巾、餐巾、服装、床单等耐热物品的消毒的方法是________。

A. 日晒消毒　　B. 消毒剂消毒

C. 煮沸消毒　　D. 紫外线灯消毒

28. 用紫外线消毒灯消毒时，应________。

A. 打开门窗　　B. 关闭门窗

C. 同时用 84 喷洒　　D. 用酒精消毒

29. 传染病易发时期，应加强通风次数，________通风时间。

A. 延长　　B. 缩短

C. 保证　　D. 均衡

30. 蒸汽消毒是利用________水蒸气进行消毒的一种方法。

A. 85℃　　B. 95℃

C. 90℃　　D. 100℃

31. ________时，在门口的显眼处要有醒目提示，以防止婴幼儿或家长误入，造成人身伤害。

A. 消毒剂消毒　　B. 消毒灯消毒

C. 日晒消毒　　D. 蒸汽消毒

32. 在学前教育机构中，________用于便池、痰盂消毒。

A. 来苏水　　B. 漂白粉液

C. 洗洁精　　D. 肥皂

33. ________是减少各类传染病传播的最常用、最简便和最经济的一种消毒方法。

A. 开窗通风　　B. 消毒灯消毒

C. 煮沸消毒　　D. 蒸汽消毒

34. 瓶装 84 消毒液的浓度含量应为________ mg/L。

A. 100～200　　B. 300～400

C. 400～700　　D. 600～900

35. 学前教育机构中每餐后婴幼儿的餐具要求在________清洗。

A. 幼儿洗手池　　B. 食堂洗菜池

C. 盛放餐具的水盆　　D. 食堂专用洗碗池

36. 学前教育机构中清洗消毒后的毛巾在挂放时要注意挂放的距离，两毛巾间隔距离为________ cm，上下前后不能叠放在一起。

A. 2　　B. 5

C. 10　　D. 20

37. 学前教育机构中抹布、拖把消毒时，先要将抹布、拖把清洗干净，然后用________的 84 消毒液浸泡 30 min。

A. 1∶50　　B. 1∶100

C. 1∶200　　D. 1∶500

38. 为帮助婴幼儿了解消毒灯对人体的危害，教育婴幼儿不随意开消毒灯，消毒灯开关处可贴上________标志。

A. 提示　　B. 警示

C. 红色　　D. 黄色

39. 在学前教育机构中对于门的清洁工作中，一般要求门框、门主体每周清洁一次，门把手________清洁一次。

A. 每天　　B. 每周

C. 每两周　　D. 每月

40. 学前教育机构中保育员扫地的基本要求是将扫帚压住，________按顺序清扫地面，并将垃圾收起。

A. 由里向外　　B. 由外向里

C. 由左向右　　D. 由右向左

三、多项选择题（下列每题中的多个选项中，至少有 2 个是正确的，请将正确答案的代号填在横线空白处）

1. 环境清洁对婴幼儿身心发展的重要作用主要表现在________。

A. 是婴幼儿身心健康的有效保障

B. 可有效预防各类传染病

C. 有利于婴幼儿养成良好的生活卫生习惯

D. 有利于婴幼儿养成良好的学习习惯

E. 有利于婴幼儿良好性格的养成

2. 防止老鼠生存、繁衍的方法主要有________。

A. 彻底治理园所环境，随时保持园所周围及内部的环境卫生

B. 各功能室内不储藏各种食物，断绝老鼠的水源、食源

C. 食堂出口、入口使用结实耐用的挡鼠栅栏，栅栏不低于 60 cm，防止老鼠进入

D. 保持室内开窗通风

3. 学前教育机构中消灭老鼠的有效措施是________。

A. 物理灭鼠　　B. 生态灭鼠

C. 生物灭鼠　　D. 药物灭鼠

4. 学前教育机构中防灭苍蝇的有效措施有________。

A. 彻底治理学前教育机构周围及内部的环境卫生，消除苍蝇滋生地

B. 用苍蝇拍拍打苍蝇

C. 各活动室使用纱门、纱窗和纱罩，防止苍蝇污染

D. 用灭蝇剂药杀苍蝇

5. 学前教育机构中防灭蚊子的有效措施有________。

A. 经常清理学前教育机构周围或者学前教育机构里各种容器里的积水，消除蚊子滋生地

B. 幼儿离园后用灭蚊剂喷洒药杀、烟雾熏杀有机结合，有效毒杀蚊子

C. 可在活动室、卧室放置灭蚊灯，物理灭蚊，既环保又有效

D. 用手拍打蚊子

6. 蟑螂可携带的致病细菌和蠕虫卵主要有________。

A. 痢疾杆菌　　B. 大肠杆菌

C. 蛔虫卵　　D. 蛲虫卵

7. 学前教育机构中物理防治蟑螂的有效措施有________

A. 用粘蟑纸粘　　B. 用开水烫杀

C. 采用低温冻死　　D. 药物毒死

8. 盥洗室清洁的一般工作程序中擦拭窗之后的工作程序主要包括________。

A. 清洁保温桶　　B. 清洁水杯

C. 清洁毛巾　　D. 清洁水池

9. 在________的天气条件下，应避免开窗通风。

A. 雾天　　B. 大风天

C. 沙尘暴　　D. 多云

10. 煮沸消毒一般适用于________等耐热物品。

A. 餐饮具　　B. 毛巾

C. 餐巾　　D. 服装

E. 床单

11. 蒸汽消毒一般适用于________。

A. 碗　　B. 水杯

C. 餐桶　　D. 菜盆

E. 小勺

12. 消毒剂消毒一般采用________，以达到消毒目的。

A. 浸泡消毒　　B. 紫外线灯消毒

C. 喷洒消毒　　D. 擦拭消毒

13. 擦拭消毒的适用范围一般为________。

A. 家具　　B. 门把手

C. 水龙头　　D. 地面

14. 日晒消毒一般适用于________。

A. 衣服　　B. 被褥

C. 书籍　　D. 毛绒玩具

15. 学前教育机构中常用消毒剂有________。

A. 含氯消毒剂　　B. 过氧乙酸

C. 碘伏　　D. 酒精

理论知识辅导练习题参考答案及说明

一、判断题

1. ×。学前教育机构不仅要做好本机构的卫生清洁工作，还有责任指导家长做好家庭环境的卫生清洁工作。

2. √。老鼠对人类的危害主要表现在传播疾病和造成经济损失两大方面。因为老鼠可以传播鼠疫、流行性出血热等 35 种以上疾病；老鼠会糟蹋粮食，咬坏电线、图书、衣物，还会破坏通信线路等。

3. ×。食堂入口、出口均应使用不低于 60 cm 的挡鼠栅栏，防止老鼠进入。

4. √。学前教育机构中各功能室内不储藏各种食物，就从根本上断绝了老鼠的水源、食源，从而有效防止老鼠的生存和繁衍。

5. √。苍蝇的危害主要是携带细菌、病毒以及寄生虫卵，污染食物和食具，可传播肠道传染病或寄生虫病。

6. ×。蚊子的危害主要表现在它传播乙型脑炎、疟疾等危害人体健康的传染病和刺叮、骚扰人类，影响人类正常的生活与休息两大方面。

7. √。防灭蚊子的有效措施主要体现在三个方面：经常清理学前教育机构周围或者学前教育机构里各种容器里的积水，消除蚊子滋生地；用灭蚊剂喷洒药杀、烟雾熏杀有机结合，有效毒杀蚊子；在活动室、卧室放置灭蚊灯，物理灭蚊，既环保又有效。

8. √。在学前教育机构中防灭蟑螂可采用粘蟑纸、开水烫杀、低温冻死等有效手段，进行物理防治。这是防灭蟑螂的有效措施之一。

9. ×。细菌与病毒是导致人类和其他生物患上许多传染性疾病的根源，但细菌和病毒却是两种截然不同的有机体。

10. √。

11. √。

12. √。对有发热症状的上呼吸道感染者，慎用退热药物如阿司匹林或安乃近、复方氨基比林等治疗。病毒性感染者能取得暂时而明显的退热效果，全身症状亦有所改善；但细菌性感染者服用同样剂量的退热药，退热效果较差，全身症状亦无明显改善。

13. ×。室内清洁一般按照从上到下、从左到右、从里到外的顺序进行。

14. ×。活动室清洁的一般工作程序中，开窗通风应该是第一个工作程序，即先将活动室窗户打开，保持室内外空气流通，避免室内浮尘造成空气污染。

15. √。对活动室、卧室和盥洗室进行全面清洁工作前，应先将室内窗户打开，保持室内外空气流通，避免室内浮尘造成空气污染。

16. √。每次餐前、餐后和每次桌面活动后，桌面都会有不同程度的污染，所以应该用干净的半干抹布擦拭桌面，以保持桌面的清洁。

17. ×。当室温与外界温度相近时，可实行全天通风；在室外空气质量较差时（如雾天、大风天、沙尘暴等），要避免开窗通风。

18. √。含氯消毒剂用于学前教育机构中各种物体表面的擦拭消毒，地面喷洒消毒或设施设备、玩教具消毒。

19. ×。煮沸消毒就是将需要消毒的物品放入煮锅内用水全部淹没，水沸后开始计时，持续煮沸 15～20 min。

20. √。紫外线灯消毒是用紫外线灯对室内空气、物体表面进行照射消毒。

21. ×。日晒消毒是将各类物品放在太阳下进行直接照射 3～6 h，以达到用紫外线消毒灭菌的一种简便可行的消毒方法。

22. √。学前教育机构中室内要有带盖密封的垃圾桶，垃圾必须每天下班前定时倾倒处理，杜绝垃圾在室内过夜。这样做的目的是为了防止垃圾在室内污染环境。

23. ×。碘伏、碘酊和酒精一般常用于皮肤消毒和医疗器械消毒。

24. √。消毒灯工作时，家长或婴幼儿可能不容易觉察到，应在门口显眼处进行醒目提示，可有效避免婴幼儿或家长误入，造成不必要的人身伤害。

25. ×。保育员在喷洒消毒液时要注意穿隔离服、戴口罩，以免造成对自身的污染和伤害。

二、单项选择题

1. A。环境清洁有利于婴幼儿养成良好的生活卫生习惯。而对于饮食习惯、睡眠习惯和学习习惯的养成影响不大。

2. D。环境清洁能有效地预防和减少学前教育机构中传染病的发生，保证婴幼儿的身心健康。而对于癫痫病、佝偻病和常见病的预防作用不大。

3. A。蚊子主要传播乙型脑炎、疟疾等危害人体健康的传染病。肠炎、流感和寄生虫病不是通过蚊子传播的。

4. A。苍蝇携带细菌、病毒以及寄生虫卵，污染食物和食具，可传播肠道传染病或寄生虫病。

5. C。改善学前教育机构周围的居住环境，让老鼠没有生存之处属于灭鼠有效措施里面的生态灭鼠，而不属于生物灭鼠、物理灭鼠和药物灭鼠。

6. D。药物灭鼠容易对环境造成污染和对婴幼儿的健康产生安全隐患，故最不适用于学前教育机构。

7. A。蟑螂可携带痢疾杆菌、大肠杆菌等40余种致病细菌，携带蛔虫、蛲虫等多种蠕虫卵，会传播危害人体健康的传染病。

8. A。蟑螂取食时会产生有臭味的分泌物，可使人产生过敏反应。

9. B。病毒性上呼吸道感染具有明显的群体发病的特点，短期内有多数人发病，或一家人中有数人发病。

10. A。细菌性上呼吸道感染时白细胞总数和中性粒细胞百分数均增高。

11. A。学前教育机构中室内清洁的一般工作程序中第一个工作程序是开窗通风。

12. B。学前教育机构中消毒灯管一般每周清洁一次较为合适。每天清洁一次间隔时间太短，没必要；每月和每年清洁一次又间隔时间太长，不利于消毒灯发挥作用。

13. D。中大班幼儿具备一定的自我服务能力。

14. B。刷洗拖鞋后要用1∶100浓度的84消毒液浸泡30 min消毒，清水冲洗后在阳光下暴晒或晾干。

15. A。保持开窗通风可降低空气中致病细菌的浓度，新鲜空气对致病微生物具有一定的杀伤作用。

16. B。开窗通风可有效保证室内空气的对流，满足婴幼儿对氧气的需要。

17. B。冬季每次开窗通风时间一般为15～20 min。时间太短起不到通风换气的作用，时间太长容易造成室内温度过低。

18. B。当外界温度与室内温度差别较大时，如冬季和夏季，每日婴幼儿不在室内时至少通风两次。

19. C。煮沸消毒是将需要消毒的物品放入煮锅内用水全部淹没，加热煮沸的一种消毒方法。水沸后开始计时，持续煮沸15～20 min。

20. D。被蒸汽消毒的物品应垂直放置，并留有空隙。这样有利于保证消毒效果。

21. D。紫外线灯消毒是用紫外线灯对室内空气、物体表面进行照射消毒的一种消毒方法。这种消毒方法一般适用于室内空气和物体表面。

22. D。日晒消毒是将各类物品放在太阳下进行直接照射 3～6 h，以达到用紫外线消毒灭菌的一种简便可行的消毒方法。

23. D。常用于皮肤消毒和医疗器械消毒的消毒剂有碘伏、碘酊和酒精。含氯消毒剂、过氧乙酸和漂白粉一般用于设施设备消毒。

24. A。用按比例配制的消毒剂溶液将物品全部浸没进行浸泡，或者用消毒抹布对需要消毒的物品进行擦拭，或者用喷雾器喷洒消毒剂溶液，以达到消毒目的的消毒方法为消毒剂消毒。

25. A。在阳光充足的天气条件下，衣服、被褥、书籍、毛绒玩具等物品可以采用日晒消毒法进行消毒。

26. A。用装有消毒剂溶液的普通喷雾器进行喷洒消毒，以使物体表面全部湿润，作用至规定时间，这种消毒方法称之为喷洒消毒。

27. C。可适用于对餐饮具、毛巾、餐巾、服装、床单等耐热物品的消毒的方法是煮沸消毒。

28. B。用紫外线消毒灯消毒时，关闭门窗才能达到较好的消毒效果。

29. A。传染病易发时期，应加强通风次数，延长通风时间。

30. D。蒸汽消毒是利用 100℃水蒸气进行消毒的一种方法。

31. B。消毒灯消毒时，在门口的显眼处要有醒目提示，以防止婴幼儿或家长误入，造成人身伤害。

32. B。在学前教育机构中，漂白粉液用于便池、痰盂消毒。

33. A。开窗通风是减少各类传染病传播的最常用、最简便和最经济的一种消毒方法。

34. C。瓶装 84 消毒液的浓度含量为 400～700 mg/L 时，按比例配制出的消毒溶液才能达到消毒要求。

35. D。学前教育机构中每餐后婴幼儿的餐具要求在食堂专用洗碗池清洗。

36. C。学前教育机构中清洗消毒后的毛巾在挂放时要注意挂放的距离，两毛巾间隔距离为 10 cm，上下前后不能叠放在一起。距离太近容易造成交叉感染。

37. B。学前教育机构中抹布、拖把消毒时，先要将抹布、拖把清洗干净，然后用 1∶100 的 84 消毒液浸泡 30 min。

38. B。为帮助婴幼儿了解消毒灯对人体的危害，教育婴幼儿不随意开消毒灯，消毒灯开关处可贴上警示标志。

39. A。门把手属于婴幼儿和教师经常触摸的部位，容易被污染，应每天清洁一次。

40. A。学前教育机构中保育员扫地的基本要求是将扫帚压住，由里向外按顺序清扫地面，并将垃圾收起。

三、多项选择题

1. ABC。环境清洁对婴幼儿身心发展的重要作用主要表现在：环境清洁是婴幼儿身心健康的有效保障；环境清洁可有效预防各类传染病；环境清洁有利于婴幼儿养成良好的生活卫生习惯。

2. ABC。防止老鼠生存、繁衍的方法主要有：彻底治理园所环境，随时保持园所周围及内部的环境卫生；各功能室内不储藏各种食物，断绝老鼠的水源、食源；食堂出口、入口使用结实耐用的挡鼠栅栏，栅栏不低于60 cm，防止老鼠进入。

3. ABC。药物灭鼠不是学前教育机构中消灭老鼠的有效措施，因为药物灭鼠不利于婴幼儿的安全和环境卫生的保持。

4. ABCD。学前教育机构中防灭苍蝇的有效措施有：彻底治理学前教育机构周围及内部的环境卫生，及时清除生活垃圾，消除苍蝇滋生地；用苍蝇拍拍打苍蝇；各活动室使用纱门、纱窗和纱罩，防止苍蝇污染；用灭蝇剂药杀苍蝇。

5. ABC。学前教育机构中防灭蚊子的有效措施：经常清理学前教育机构周围或者学前教育机构里各种容器里的积水，消除蚊子滋生地；幼儿离园后用灭蚊剂喷洒药杀、烟雾熏杀有机结合，有效毒杀蚊子；可在活动室、卧室放置灭蚊灯，物理灭蚊，既环保又有效。

6. ABCD。蟑螂可携带痢疾杆菌、大肠杆菌等40余种致病细菌，携带蛔虫、蛲虫等多种蠕虫卵，会造成危害人体健康的传染病。

7. ABC。药物毒死不属于物理防治蟑螂的有效措施。

8. ABCD。盥洗室清洁的一般工作程序中擦拭窗之后的工作程序主要包括：清洁保温桶、清洁水杯、清洁毛巾和清洁水池。

9. ABC。在雾天、大风天和沙尘暴的天气条件下，应避免开窗通风。

10. ABCDE。煮沸消毒一般适用于餐饮具、毛巾、餐巾、服装、床单等耐热物品。

11. ABCDE。蒸汽消毒一般适用于碗、水杯、餐桶、菜盆和小勺。

12. ACD。消毒剂消毒一般采用浸泡消毒、喷洒消毒和擦拭消毒，以达到消毒目的。

13. ABCD。擦拭消毒的适用范围一般为家具、门把手、水龙头和地面。

14. ABCD。日晒消毒一般适用于衣服、被褥、书籍和毛绒玩具。

15. ABCD。学前教育机构中常用消毒剂有含氯消毒剂、过氧乙酸、碘伏、酒精。

操作技能辅导练习题

【题目1】活动室清洁

1. 考核要求

考生能熟悉活动室清洁工作中擦拭门和擦拭桌椅、清洁玩具柜和清洁地面的工作要求，按照正确的方法和顺序进行清洁，掌握活动室清洁的基本步骤和工作要点。

2. 准备工作

保育员穿好工作服；准备干净抹布3块，笤帚、簸箕、拖把、清洁剂等。

3. 考核时限

完成该考题操作基本时间为15 min，每超过1 min从本题总分中扣除5%，操作时间超过30 min本题为0分。

4. 评分项目及标准

活动室清洁评分项目及标准

项目	评分要点	配分	评分标准及扣分
1. 清洁前的准备	穿好工作服装	1	隔离衣衣扣全部扣好，头发全部塞进帽子里。1分 衣扣未扣好，头发露在外面各扣除0.5分
	准备清洁用品和工具	1	准备干净抹布、笤帚、簸箕、拖把和清洁剂。1分 清洁工具和清洁剂未按要求准备好酌情扣除0.5～1分
2. 擦拭门	擦拭门框	1	从上到下，用干净的半干抹布擦拭门框和门边棱的四周。1分 顺序不对或擦拭范围不够酌情扣除0.5～1分
	擦拭门主体	1	从上到下，用干净的半干抹布擦拭门主体部分的正反两面。1分 顺序不对或擦拭范围不够酌情扣除0.5～1分
	擦拭门把手	1	用干净的湿抹布擦拭门把手后，用清洁剂彻底擦拭有油污处；再用半干抹布擦拭门把手。1分 未使用清洁剂彻底清洁油污者扣除0.5分
3. 擦拭桌面	第一次清水擦拭	1	用清水抹布将桌面完整擦拭一遍。1分 擦拭但擦拭不完整扣除0.5分，不用清水擦拭不得分
	肥皂水擦拭	1	用抹布沾肥皂水擦拭桌面，并清理油污处。1分 未使用肥皂水扣除0.5分，油污清理不彻底者扣除0.5分
	第二次清水擦拭	1	用清水抹布将肥皂残留液擦拭干净。1分 桌面有残留皂液者扣除0.5分，未用清水擦拭不得分

续表

项目	评分要点	配分	评分标准及扣分
4. 清洁玩具柜	清洁玩具柜	1	用干净的湿抹布擦拭玩具柜里层和外层。1分 擦拭范围不完整者扣除0.5分
	摆放物品	1	将清洁后的玩具整齐地摆放在清洁后的玩具柜内。1分 摆放不整齐扣除1分
5. 清洁地面	扫地	1	压住笤帚，由里向外清扫，将垃圾收干净。1分 清扫方向不对扣除0.5分，垃圾收拾不干净扣除0.5分
	拖地	1	选择半干的干净拖把，从里向门口倒退着左右横拖。1分 拖把太湿或太干扣除0.5分，拖地时方向性错误不得分
合计		12	

【题目2】整理清洁床铺

1. 考核要求

考生能熟悉整理清洁床铺的工作准备，正确选择清洁工具，掌握整理清洁床铺的基本步骤和动作要领。

2. 准备工作

有待整理的幼儿床铺1张，干净抹布2块，扫床用的笤帚1把。

3. 考核时限

完成该题操作基本时间为5 min；每超过1 min从本题总分中扣除5%，操作超过10 min本题0分。

4. 评分项目及标准

整理清洁床铺评分项目及标准

项目	评分要点	配分	评分标准及扣分
1. 清洁床体	清洁顺序正确	1	按照从上到下的顺序进行清洁。1分 顺序不对者酌情扣除0.5～1分
	清洁范围齐全	2	清洁范围包括床头、床栏、床腿。2分 每少一个部位扣除0.5分
	正确使用抹布	1	使用半干的干净抹布。1分 抹布不干净者不得分
2. 整理床单褥子	床单、褥子平整	2	床单、褥子要求铺平整、无皱褶。2分 不平整者或出现皱褶者酌情扣除1～2分
	铺面无颗粒	2	扫除干净，无颗粒。2分 出现颗粒者不得分

续表

项目	评分要点	配分	评分标准及扣分
3. 叠被子	叠放整齐	2	叠出整齐干净的“豆腐块”。2 分 歪斜不整齐者视情况扣除 0.5～1 分
合计		10	

【题目 3】盥洗室清洁

1. 考核要求

考生能正确选择清洁水杯和水池的清洁工具，掌握盥洗室清洁中清洁水杯和水池的基本步骤和动作要领。

2. 准备工作

幼儿水杯 1 只、幼儿用水池 1 个、清洁水池和水杯的专用百洁布各 1 块、洗涤剂 1 瓶。

3. 考核时限

完成该题操作基本时间为 5 min；每超过 1 min 从本题总分中扣除 5%，操作超过 14 min 本题 0 分。

4. 评分项目及标准

盥洗室清洁评分项目及标准

项目	评分要点	配分	评分标准及扣分
1. 清洁水杯	第一次冲洗	1	在水龙头下淋湿冲洗 1 遍。1 分 不完全淋湿者扣除 0.5 分，不冲洗者不得分
	去水渍	2	用百洁布蘸洗洁精彻底清刷水杯内外去水渍。2 分 未正确使用百洁布和洗洁精者扣 1 分，杯内外有污渍者视情况扣除 0.5～1 分
	第二次冲洗	2	用清水冲洗水杯内外两遍使杯内无洗涤剂残留。2 分 冲洗遍数不够者扣 1 分，冲洗不干净有残留者扣除 1 分
2. 清洁水池	清除池内污物	1	将池内的各种污物捡拾干净。1 分 池内污物捡拾不干净者酌情扣除 0.5～1 分
	清洗池内油渍、水渍	2	用百洁布蘸洗洁精彻底清刷水池。2 分 未正确使用百洁布和洗洁精者扣 1 分，如有油渍或水渍者扣除 1 分
	清水冲洗	2	用清水冲洗水池，做到池内光滑、洁净。2 分 池内欠洁净者扣除 0.5～1 分，未用清水冲洗者不得分
合计		10	

【题目 4】消毒桌椅

1. 考核要求

考生能熟悉消毒桌椅的基本方法，掌握消毒桌椅的基本步骤和动作要领。

2. 准备工作

1 组幼儿桌椅，1∶200 的 84 消毒液，清水抹布和消毒抹布各 1 块。

3. 考核时限

完成该题操作基本时间为 32 min；每超过 1 min 从本题总分中扣除 5%，操作超过 35 min 本题 0 分。

4. 评分项目及标准

消毒桌椅评分项目及标准

项目	评分要点	配分	评分标准及扣分
1. 清洗	清洗干净彻底	1	用清水抹布将桌椅清洗干净。1 分 桌面清洗不干净者视情况扣除 0.5～1 分
2. 消毒	消毒液的选择及配比	2	使用有效氯含量为 400～700 mg/L 的 84 消毒液，1∶200 配比。2 分 有效氯含量不够者不得分
	消毒的方法	3	用抹布蘸取 1∶200 的 84 消毒液将桌椅各部位擦拭 1 遍。3 分 消毒范围不全者酌情扣除 1～3 分
	消毒的时间	2	消毒液滞留 15～30 min。2 分 滞留时间不足 10 min 者不得分，不足 15 min 者扣 1 分
3 清洗	清洗残留消毒液	2	用清水抹布将残留消毒液擦洗 2 遍。2 分 清洗遍数不够者扣除 1 分，不清洗者不得分
合计		10	

【题目 5】消毒户外大型玩具

1. 考核要求

考生能熟悉消毒户外大型玩具的基本方法，掌握消毒户外大型玩具的基本步骤和动作要领。

2. 准备工作

1 组幼儿户外大型玩具，1∶200 的 84 消毒液，清水抹布和消毒抹布各 1 块。

3. 考核时限

完成该题操作基本时间为 40 min；每超过 1 min 从本题总分中扣除 5%，操作超过 50 min 本题 0 分。

4. 评分项目及标准

消毒户外大型玩具评分项目及标准

项目	评分要点	配分	评分标准及扣分
1. 清洗	清洗干净彻底	1	用清水抹布将户外大型玩具各部位清洗干净。1 分 有部位被遗漏未消毒者扣除 0.5 分
2. 消毒	消毒液的选择及配比	2	使用有效氯含量为 400～700 mg/L 的 84 消毒液，1∶200 配比。2 分 有效氯含量不够者不得分
	消毒的方法	3	用消毒抹布使用 1∶200 的 84 消毒液将户外大型玩具各部位擦拭 1 遍。3 分 消毒范围不全者酌情扣除 1～3 分
	消毒的时间	2	消毒液滞留 15～30 min。2 分 滞留时间不足 10 min 者不得分，不足 15 min 者扣除 1 分
3. 清洗	清洗残留消毒液	2	用清水抹布将户外大型玩具上残留的消毒液擦洗 1 遍。2 分 未清洗者不得分，清洗不全不干净者酌情扣除 0.5～1.5 分
合计		10	

【题目 6】消毒塑料玩具

1. 考核要求

考生能熟悉消毒塑料玩具的基本方法，掌握消毒塑料玩具的基本步骤和动作要领。

2. 准备工作

1 组幼儿塑料玩具，1∶200 的 84 消毒液，消毒箱、塑料筐各 1 个。

3. 考核时限

完成该题操作基本时间为 40 min；每超过 1 min 从本题总分中扣除 5%，操作超过 50 min 本题 0 分。

4. 评分项目及标准

消毒塑料玩具评分项目及标准

项目	评分要点	配分	评分标准及扣分
1. 清洗	清洗干净彻底	1	用清水将塑料玩具冲洗干净。1 分 未冲洗彻底者扣除 0.5 分
2. 消毒	消毒液的选择及配比	2	使用有效氯含量为 400～700 mg/L 的 84 消毒液，1∶200 配比。2 分 有效氯含量不够者不得分

续表

项目	评分要点	配分	评分标准及扣分
2. 消毒	消毒的方法	3	用专用消毒箱使用 1∶200 的 84 消毒液将塑料玩具浸泡。3 分 消毒不全面者酌情扣除 1～2 分，未使用专用消毒箱者扣除 1 分
	消毒的时间	2	消毒液浸泡时间为 15～30 min。2 分 浸泡时间不足 10 min 者不得分，不足 15 min 者扣除 1 分
3. 清洗	清洗残留消毒液	2	用清水将塑料玩具上残留的消毒液冲洗干净并放在塑料框内在阳光下晾晒。2 分 冲洗不彻底者扣除 0.5～1 分，未在阳光下晾晒者扣除 1 分
合计		10	

【题目 7】消毒床上用品

1. 考核要求

考生能熟悉消毒床上用品的基本方法，掌握消毒床上用品的基本步骤和动作要领，语言辅助讲解全面清晰。

2. 准备工作

床上用品 1 套，晾晒床上用品的绳索 1 条，紫外线灯 1 台。

3. 考核时限

完成该题操作基本时间为 10 min；每超过 1 min 从本题总分中扣除 5%，操作超过 15 min 本题 0 分。

4. 评分项目及标准

消毒床上用品评分项目及标准

项目	评分要点	配分	评分标准及扣分
1. 晾晒	晾晒条件	1	天气晴好适于晾晒床上用品。1 分 天气情况达不到时晾晒床上用品者扣除 0.5 分
	晾晒前准备	1	在有阳光照射处拉绳。1 分 拉绳处阳光不充足者扣除 0.5 分
	晾晒的间距	3	被褥之间间隔 40～50 cm，防止交叉感染。3 分 距离达不到者酌情扣除 1～2 分
	消毒的时间	3	晾晒时间为 2～4 h。3 分 时间达不到者扣除 1～2 分
2. 紫外线消毒	消毒方法	2	阴雨天气将幼儿被褥平摊开在紫外线灯下消毒 30 min。2 分 消毒时间不足 30 min 者扣除 1 分
合计		10	

第2章 生活管理

考核要点

考核范围	理论知识考核要点	重要程度	操作技能考核要点	重要程度
健康观察	1. 健康观察的重要性	了解	1. 婴幼儿身体健康检查的方法	掌握
	2. 婴幼儿身心健康指标的相关知识	熟悉	2. 婴幼儿精神状态观察的方法	熟悉
	3. 学前教育机构的健康检查制度	掌握	3. 指导婴幼儿服药的方法和步骤	掌握
	4. 婴幼儿衣着的安全要求	熟悉	4. 检查婴幼儿衣着及携带物品安全性的方法	熟悉
	5. 常见危害婴幼儿安全的小物品种类及其来源	熟悉	—	—
组织进餐	1. 饭菜保温与保洁的方法	了解	1. 分发餐具的要求和方法	熟悉
	2. 分发、添加饭菜的要求	了解	2. 指导婴幼儿养成正确的进餐姿势	掌握
	3. 合理膳食的重要性	掌握	3. 指导婴幼儿正确地使用餐具	掌握
	4. 膳食搭配的基本原则	掌握	—	—
	5. 不同年龄阶段婴幼儿进餐的特点	掌握	—	—
	6. 良好进餐习惯的知识	掌握	—	—
组织饮水	1. 婴幼儿饮用水的水质要求	了解	1. 饮用水的准备	熟悉
	2. 婴幼儿饮用水的选择	掌握	2. 指导婴幼儿掌握正确接水、饮水的方法	掌握
	3. 饮水对婴幼儿健康的意义	熟悉	—	—
	4. 婴幼儿饮水量知识	熟悉	—	—
	5. 培养婴幼儿良好的饮水习惯	掌握	—	—
组织盥洗如厕	1. 盥洗对婴幼儿身体健康的意义	了解	1. 指导婴幼儿掌握搽润肤油的方法	了解
	2. 培养婴幼儿良好的盥洗习惯	掌握	2. 指导不同年龄班的婴幼儿如厕	熟悉
	—	—	3. 婴幼儿大小便的指导与训练	掌握

续表

考核范围	理论知识考核要点	重要程度	操作技能考核要点	重要程度
组织睡眠	1. 婴幼儿睡眠的重要性	了解	1. 为婴幼儿营造良好的睡眠环境	掌握
	2. 婴幼儿睡眠的安全常识	掌握	2. 指导婴幼儿穿脱衣服的顺序及注意事项	了解
	3. 睡眠的个别指导	熟悉	3. 晾被及整理寝室的要求和方法	掌握
物品管理	1. 物品管理的基本要求	掌握	定期检查危险品的内容和方法	掌握
	2. 物品保管制度	了解	—	—
	3. 危险物品保管常识	掌握	—	—

重点复习提示

一、健康观察

1. 健康观察的重要性

学前教育机构必须高度重视保护婴幼儿的生命和保证婴幼儿健康的工作，这是学前教育机构的首要任务。要全面掌控婴幼儿的人身安全和身心健康状况，确保婴幼儿的生命安全和身心健康发展。做到及早发现问题，及时采取预防和必要的调整措施。

2. 婴幼儿身心健康指标的相关知识

婴幼儿的健康包括生理健康和心理健康。婴幼儿的生理健康是指婴幼儿各个器官、组织的生长发育正常，没有生理缺陷，能有效抵抗各种急、慢性疾病，体质不断增强。婴幼儿身体生长发育情况可以用婴幼儿生长发育评价指标来衡量。婴幼儿的心理健康是指心理发展达到相应年龄组婴幼儿的正常水平，情绪积极、性格开朗、无心理障碍，对环境有较快的适应能力。

3. 学前教育机构的健康检查制度

学前教育机构的健康检查制度包括：入学前教育机构前的健康检查制度；定期体检制度；晨间检查及全日观察制度；工作人员体格检查制度；传染病的报告、隔离制度等。

4. 婴幼儿衣着的安全要求

婴幼儿着装的基本要求是舒适、方便、安全、美观。服装要大小宽松适度，面料柔软，吸湿透气，款式简单，而衣服上有长带、鞋带过长、衣服鞋子太大或太小等都可能给婴幼儿带来安全隐患。

5. 常见危害婴幼儿安全的小物品种类及其来源

婴幼儿常喜欢捡拾一些小物件，如钉子、纽扣、弹珠、豆子、瓜子、小刀、剪刀、曲别针、花生米、小珠子、小积木等。

危害婴幼儿安全的小物品的主要来源包括：从家里带来的，户外活动时收集的，游戏活动时偷偷留下的。

6. 婴幼儿身体健康检查的方法

婴幼儿身体健康检查要掌握：一摸、二看、三问、四查。

摸额头：确定是否有发热的征兆；摸两腮：检查婴幼儿是否腮腺肿大，扁桃体是否发炎。

看双手：看指甲是否太长，皮肤是否有红点，以排查出疹性皮肤病、手足口病等症状；看口腔：看上下唇、牙龈有无红点、脓疹等症状；看舌头：看舌头上有无红点，舌苔是否太重；看咽部：检查婴幼儿咽部有无红肿；看婴幼儿的眼睛及面色：观察婴幼儿面色是否正常，眼睛是否患有结膜炎，观察婴幼儿的精神状态是否良好。

三问：一问家长，询问婴幼儿在家里的情况，包括婴幼儿饮食，睡眠，大、小便情况是否有异常，有无腹泻、咳嗽、精神委靡等症状。二问婴幼儿，询问婴幼儿身体是否有哪个地方不舒服，情绪是不是很好。

四查：检查婴幼儿口袋，看有无携带不安全的物品，要将婴幼儿放在衣袋里的小物件暂时存放起来。

7. 婴幼儿精神状态观察的方法

婴幼儿精神状态的好坏是婴幼儿身体健康与否的重要指标。在婴幼儿一日生活的各个环节中，保育员都应该注意随时观察婴幼儿的精神状态。与正常婴幼儿一般特点相比较，与该婴幼儿平时的一般表现相比较，如果婴幼儿明显地表现出情绪不佳，则要引起注意。对因生病情绪状态不佳的婴幼儿要给予特别关照。对因其他原因导致情绪不佳者应及时给予疏导。保育员要积极创造健康的心理生活环境，营造和谐人际氛围，使婴幼儿情绪安定、心情愉快。

8. 指导婴幼儿服药的方法和步骤

保育员穿好隔离衣、戴好隔离帽——保育员和患儿洗手——倒开水凉温备用——准备药物——认真核对婴幼儿姓名、药名、服用时间、服用剂量、服用方法——劝说婴幼儿服药——指导婴幼儿掌握正确的吃药方法（吃药片或药丸时，保育员要指导和帮助婴幼儿把药片或药丸放在舌头中后部，然后喝一大口水，使药片或药丸随水迅速冲下；中药丸如果比较大时，应捏成小球状服用。液体药物应用量杯服用。按规定的单次药量，把液体药物倒入量杯内，让婴幼儿大口地喝下，然后再喝入事先晾好的温开水，以便把液体药液全部冲下）——填写婴幼儿服药记录表——指导婴幼儿休息——收好剩余的药物。

9. 检查婴幼儿衣着及携带物品安全性的方法

（1）检查婴幼儿衣着的安全性。检查婴幼儿衣服是否合身、方便活动，扣子是否系好；检查衣服上是否有长带子等饰物；检查女孩儿头上是否别有长棒状饰物；婴幼儿活动中注意检查婴幼儿的鞋带是否松开。

（2）检查婴幼儿是否携带危害自身安全的小物品。入园时和户外活动后、午睡前检查婴幼儿手中、衣服口袋里是否装有存在安全隐患的细小物品，如容易被婴幼儿放入口中的小物品，容易对婴幼儿造成外伤的小刀、剪刀等尖锐物品。

二、组织进餐

1. 饭菜保温与保洁的方法

饭菜散热：春夏季节气温高，饭菜散热慢，保育员可以通过用饭勺搅拌、将饭菜放在风扇下或通风好的地方、早取饭菜等方式加快饭菜散热。

饭菜保洁：保育员给婴幼儿提供新鲜卫生的食品。教育引导婴幼儿不吃隔夜饭，不吃腐烂的瓜果，不吃蚊虫叮咬过的食物，以防引起食物中毒或腹泻。尤其是给婴幼儿生吃的蔬菜瓜果更要做好清洗工作，以免因食用不洁食物引起胃肠道疾病。此外，保育员要注意在盛饭菜的容器上加盖防蝇罩，以防止蚊蝇或灰尘污染饭菜。

饭菜保温：秋冬季节，食用温热的食物有利于身体健康。保育员可以通过缩短取饭时间、加盖棉布垫、将盛饭菜的容器放在暖气旁边等方式保持饭菜温度，确保婴幼儿食用温热的饭菜。

2. 分发、添加饭菜的要求

保育员应本着公平对待、少盛多添的原则，将饭菜分别盛放在碗和盘中。饭菜和汤不要盛得太满，通常盛到饭碗的 2/3 处即可。在盛饭菜的时候应注意将汤和饭分开盛放，不要让婴幼儿吃汤泡饭。吃鱼、虾、排骨等食物时，保育员应事先做好清理工作。为婴幼儿添加饭菜要及时，添加时注意从婴幼儿的侧面递送。

就餐时，保育员应根据每名婴幼儿的个体差异和实际情况适时、适度地添加饭菜，给每名婴幼儿全方位的照顾。对婴儿班或小班自理能力较差的婴幼儿，保育员可以适当帮助其喂饭。

3. 合理膳食的重要性

全面的营养来自于合理的膳食。对于处在生长发育最迅速、最关键时期的婴幼儿来说，营养无疑是满足他们机体发育的最重要的物质基础。婴幼儿每天需要从膳食中摄取足够的营养物质。营养物质过多或过少都会影响婴幼儿身心的健康发展。所以均衡的营养与合理的膳食是婴幼儿身心健康成长的重要条件和有力保障。

4. 膳食搭配的基本原则

不同的食物所含的营养成分不同。为了保证婴幼儿的营养供给，促进婴幼儿的健康成长，在配制膳食时应注意多样化、合理化、科学化，做到平衡膳食、营养全面。

5. 不同年龄阶段婴幼儿进餐的特点

一岁左右的婴幼儿食欲旺盛，喜欢用手抓饭，没有饱足感，容易吃撑、吃胀。两三岁的婴幼儿食欲时好时坏，容易出现挑食、偏食、厌食的问题。四岁以后，婴幼儿在饥饿时能主动摄食，食欲基本稳定，但会因患病、情绪不良、精神紧张等因素导致食欲不振。

6. 良好进餐习惯的知识

培养婴幼儿良好进餐习惯包括：定时进餐的习惯；定量进餐的习惯；专心进餐的习惯；不偏食、挑食的习惯；少吃或不吃零食的习惯；养成进餐卫生的习惯；养成文明进餐的习惯。

7. 分发餐具的要求和方法

小班婴幼儿的餐具由保育员负责分发。中、大班餐具的分发可以由值日生负责。婴儿班或小班幼儿使用型号最小的碗和勺子，中、大班幼儿使用的餐具应略大一些。保育员可以给大班幼儿提供筷子就餐。

分发餐具的顺序和方法：分发餐具的顺序是先分碗、后分勺或筷子，同时注意每套餐具对应每位幼儿的座位依次摆放。分发餐具的方法是先将碗摆放在正对椅子的桌面上，盘子放在碗的前面，后将勺子或筷子放在盘子上。分发勺子或筷子时手拿勺柄或筷子略粗的一端，以免餐具受到污染。

8. 指导婴幼儿养成正确的进餐姿势

正确的进餐姿势：吃饭时，身体坐正，靠近餐桌，一手拿勺子或筷子，一手扶碗，专心吃饭。吃饭时托腮、扶头、左顾右盼、身体左右摇晃等都是不良的进餐姿势，保育员应注意提醒并及时予以纠正。

9. 指导婴幼儿正确地使用餐具

正确使用饭勺的方法：手握住离勺柄上端约 1/3 处；不要满把攥，而是用大拇指、食指和中指三个手指头捏住勺柄。

正确使用筷子的方法：用拇指和食指夹住两根筷子的上部约 1/3 处，将下面一根筷子的底部靠在无名指上用拇指压牢，再用食指和中指的指尖夹住上面一根筷子，使用时只须活动中指和食指。

三、组织饮水

1. 婴幼儿饮用水的水质要求

水质的好坏主要从颜色、气味、清澈度、口感等几个方面判断。婴幼儿饮用水的水质应符合以下四个方面要求。(1) 不含任何有害物质和致病菌。(2) 含有人体所需适量的微量元素。(3) 水的酸碱度呈弱碱性。(4) 水的硬度以碳酸钙含量为 50～200 mg/L 为宜。

2. 婴幼儿饮用水的选择

白开水是最好的饮料。桶装水应选择矿泉水和纯净水交替饮用。夏季可以在早操后或午睡后加饮绿豆汤或酸梅汤防暑降温。冬季可让婴幼儿饮用温热的豆浆。流行病高发季节，可以让婴幼儿每天早饭后饮用板蓝根水。

3. 饮水对婴幼儿健康的意义

饮水与婴幼儿的健康关系密切。充足的饮水不仅能使咽喉部保持清洁和湿润，保持大便通畅，而且能保证机体新陈代谢的正常进行，提高机体抵抗疾病的能力，从而减少疾病的发生。尤其是婴幼儿患病出现发热、多汗或呕吐、腹泻等症状时，更应及时补充水分以防因失水而导致病情加重。因此，充足的饮水对保障婴幼儿的身体健康发挥着重要的作用。

4. 婴幼儿饮水量知识

不同年龄的婴幼儿每天所需要的饮水量是不同的。一般来说，婴幼儿年龄越小，需水量相对越大。当然，婴幼儿的需水量也与气候、饮食、活动量大小有着密切的关系。在季节干燥、婴幼儿出汗多的情况下应适当加大饮水量，以保证机体的需要。

5. 培养婴幼儿良好的饮水习惯

婴幼儿良好的饮水习惯包括：定时饮水的习惯，不定时饮水的习惯，吃饭时不饮水的习惯，剧烈运动后不马上饮水的习惯，不饮冰水的习惯，自己补充水分的习惯，养成喝白开水的习惯。

6. 饮用水的准备

(1) 准备白开水：保育员先将保温桶内前一天的剩水倒掉，用清水清洗保温桶的内胆、外壁以及水龙头和出水口。清洗完毕后，将水质新鲜的开水倒入保温桶内，以备婴幼儿饮用。

(2) 准备桶装水：保育员提前检查饮水机内的水质是否新鲜、水量是否能满足婴幼儿一天的饮水。如果水质不好或水量不足，保育员应及时更换。打开的桶装水尽量在一周内用完。

(3) 准备自制饮料。保育员可以根据季节的变化，如炎热的夏季煮绿豆汤或酸梅汤，寒冷的冬季自制豆浆来满足婴幼儿的需求。

7. 指导婴幼儿掌握正确接水、饮水的方法

（1）指导婴幼儿掌握正确接水的方法：一手握杯柄，一手按压水龙头，不要接得太满，每次接半杯，喝完再接。如果是饮用饮水机内的水，保育员应特别提醒幼儿，接水时应先接凉水，再接热水，以免烫伤。

（2）指导婴幼儿掌握正确喝水的方法：婴幼儿一手握杯柄，一手扶杯小口喝水。喝水时坐在座位上保持安静，喝完后将杯子放回原处。

四、组织盥洗如厕

1. 盥洗对婴幼儿身体健康的意义

盥洗是婴幼儿在学前教育机构一日生活中非常重要的一个环节。盥洗不仅可以使婴幼儿保持皮肤清洁、干爽，减少皮肤被汗液、灰尘、皮脂污染的机会，提高皮肤的抵抗力，维护身体健康，而且还可以培养婴幼儿养成讲卫生、爱清洁的良好习惯，提高婴幼儿的生活自理能力。

婴幼儿盥洗的内容主要包括洗手、洗脸、刷牙、漱口、洗头、洗脚、洗澡等。

2. 培养婴幼儿良好的盥洗习惯

培养婴幼儿良好的盥洗习惯包括：勤洗手的习惯；早晚刷牙、饭后漱口的习惯；每天洗脸、洗脚、洗屁股的习惯；定期洗澡、洗头的习惯；勤剪指甲、勤理发、勤换衣的习惯。

3. 指导婴幼儿掌握搽润肤油的方法

搽润肤油的方法：洗脸后，用右手食指蘸取适量润肤油分别涂抹在额头、鼻子、面颊两侧、下巴部位，用双手掌心轻轻涂抹均匀。然后再将润肤油抹于手被，两手手背对搓至均匀即可。

4. 指导不同年龄班的婴幼儿如厕

（1）帮助托班、小班婴幼儿如厕：保育员帮助婴幼儿脱裤子并在一旁搀扶，也可以提供便盆让婴幼儿坐在便盆上大小便。便后帮助并教给婴幼儿擦屁股、整理衣裤。

（2）指导中、大班幼儿如厕：教会幼儿蹲厕及擦屁股的方法，指导幼儿便后冲厕、洗手。

5. 婴幼儿大小便的指导与训练

（1）婴幼儿小便的指导与训练。不同年龄阶段训练的方式和要求不同。1岁以内的婴儿白天尽量不用尿布，养成把尿的习惯。1～2岁是训练排尿的最佳期。在进行排尿训练时，保育员要注意观察婴儿的表情和动作，掌握婴儿排尿的规律和特点，并引导婴儿用语言表达尿意。3岁以后，保育员应指导幼儿有了尿意后直接到小便池排尿。

（2）婴幼儿大便的指导与训练。保育员在指导婴幼儿排便时应注意：观察婴幼儿排便前的动作表现；排便时间一般控制在 5 min 左右；帮助婴幼儿养成定点排便的习惯；用正确的态度对待婴幼儿的排便行为。当婴幼儿成功排便后，保育员应给予鼓励和表扬。切不可表现出厌恶、恶心、烦躁的消极态度，以免婴幼儿出现心理性便秘。

五、组织睡眠

1. 婴幼儿睡眠的重要性

睡眠不仅能消除婴幼儿的疲劳，使机体各部分得到适当的休息和调整，而且在睡眠中人体脑垂体可以大量分泌生长素，以促进婴幼儿身体的生长和大脑皮层的发育。保证婴幼儿的睡眠包括两方面的含义：一是要保证充足的睡眠时间。通常情况下，婴幼儿的年龄越小，需要的睡眠时间就越长。二是要保证婴幼儿的睡眠质量。高质量的睡眠可以使婴幼儿头脑清醒，精力充沛，全身没有疲倦感和无力感，从而保障婴幼儿身心的健康发展。

2. 婴幼儿睡眠的安全常识

组织婴幼儿睡眠，上床前保育员要做好安全检查。注意检查婴幼儿的衣服口袋里是否装有危险品。还要检查婴幼儿的口和手，看看他们的双手是否干净，口腔内是否有食物。检查床铺和衣服上是否有裸露的长线头，排除安全隐患。

在婴幼儿睡眠过程中，保育员应加强巡视。注意观察婴幼儿的睡眠情况，如果发现有被子捂住口鼻的，保育员要及时帮助婴幼儿将被子往下拉一拉，盖到胸口处即可。

3. 睡眠的个别指导

对体质较好、怕热的婴幼儿，保育员可以把他们的床铺安排在通风好的地方；对经常尿床的婴幼儿，保育员应给予特别的关注；此外，保育员可以根据婴幼儿的个别差异，按小组分批入睡或起床。

4. 为婴幼儿营造良好的睡眠环境

（1）睡眠物质环境的创设。保育员为婴幼儿创设良好睡眠的物质环境时应注意以下四个方面：寝室内外保持相对安静；保证寝室空气流通、新鲜；保持寝室适宜的温度和湿度；寝室的光线不要太强。

（2）睡眠心理环境的创设。睡眠心理环境的创设包括两个方面：一是保持婴幼儿良好的情绪，让他们在轻松、愉悦的精神状态下安然入睡；二是保育员对待婴幼儿的态度要温和。

5. 指导婴幼儿穿脱衣服的顺序及注意事项

脱衣服的顺序：鞋——袜子——裤子——上衣。

穿衣服的顺序：袜子——裤子——鞋——上衣。

注意事项：寒冷季节，为了避免婴幼儿受凉，保育员应指导婴幼儿先穿上衣，再穿袜子、裤子、鞋。

6. 晾被及整理寝室的要求和方法

（1）晾被的要求和方法：将被子的里面翻转过来，平铺在床上摊晾10 min左右，将被子的湿气排出。每周应将被褥及枕头在太阳下晾晒一次，晾晒被褥最好选择在晴天阳光充足的时间段（如上午10点钟到下午3点钟）。每次晾晒的时间应在3 h以上，以保证被褥及枕头的干爽，真正起到杀菌消毒的作用。

（2）整理寝室的要求和方法：婴幼儿起床后，保育员应先照顾婴幼儿穿衣、小便、喝水；然后将每个婴幼儿的被子翻转过来晾一晾，将窗帘拉开，打开窗户通风；最后将被子叠好，统一摆放整齐。

六、物品管理

1. 物品管理的基本要求

物品管理，包括对班级的玩具、教具、图书、餐具、家具、其他用具、婴幼儿的被褥和衣物等的管理。保育员要做好每件物品的登记入册，放于适当位置并摆放整齐，做好正常使用记录和保养维修，定期清点不丢失。

2. 物品保管制度

物品保管制度包括物品的分类存放、登记、领用、坏损报修等的管理，要求学前教育机构要有细致的物品管理制度。

3. 危险物品保管常识

学前教育机构中的危险物品是指有腐蚀性、有毒的物品，易燃易爆物品。危险物品应存放在安全固定的位置，并由专人负责保管；严格按说明书的要求保管危险物品；危险物品使用时应登记记录，剩余部分要及时放回储藏室或婴幼儿不可触及的地方；一次性使用不完的危险物品及其容器应按规定统一回收处理，切不可随意丢弃，更不能随意放在盥洗室，以防好奇的婴幼儿玩耍，引起安全事故。

4. 定期检查危险物品的内容和方法

定期检查危险物品存放的位置，看危险物品是否被移动过；定期检查危险物品存放的环境，看存放环境是否有变化；定期检查危险物品的盖子是否旋紧，要避免松动漏气等；定期检查危险物品的使用期限，尽量在有效期内正确使用。

理论知识辅导练习题

一、判断题（下列判断正确的请在括号内打“√”，错误的请在括号内打“×”）

1. 保护婴幼儿的生命和保证婴幼儿健康的工作是学前教育机构的首要和重要工作。（　）

2. 婴幼儿的生理健康是指婴幼儿各个器官、组织的生长发育正常，没有生理缺陷，能有效抵抗各种急、慢性疾病，体质不断增强。（　）

3. 婴幼儿的生理健康是指没有疾病，所以诸如视力不良、肥胖、瘦弱等器官组织的缺损或功能异常不影响婴幼儿的健康状态。（　）

4. 身体各个器官和组织的正常生长发育、生理系统的正常运作是保证婴幼儿健康的前提。（　）

5. 婴幼儿的生长发育是有阶段性和程序性的连续过程，由于遗传基因及环境条件的差异使得婴幼儿的生长发育具有一定的个体差异性。（　）

6. 婴幼儿各个器官组织的大小、质（重）量的变化以及身高、体重的增加速度，不同的婴幼儿完全一致。（　）

7. 同一婴幼儿在不同时期发展速度也可以有快有慢。（　）

8. 婴幼儿身体总体发展水平必须保持在正常范围内，与同年龄婴幼儿的发展水平接近，否则属于身体发育异常，必须引起关注。（　）

9. 婴幼儿常见疾病主要有呼吸道疾病、消化道疾病、营养性疾病、先天发育不良等。（　）

10. 消瘦是指婴幼儿的体重比相应年龄组人群按年龄的体重均值数低两个标准差以下。（　）

11. 婴幼儿期的身体健康是人一生发展的基础，我们必须加强对婴幼儿身体发育情况和身体疾病的监测，确保婴幼儿身体正常和健康地发展。（　）

12. 在日常生活中，我们也可以通过对婴幼儿的外貌体征、生理机能状况和日常行为表现的直观观察，大体判断婴幼儿的身体健康情况。（　）

13. 体重超过按身高计算的标准体重 30%～40%以上为轻度肥胖。（　）

14. 婴幼儿进入学前教育机构之前，必须接受健康检查，填写好健康情况表，对确定身体不健康和有传染病的婴幼儿，入园后保育员和教师要精心照顾。（　）

15. 保育员和教师要向家长说明情况，要求家长如实汇报孩子的身体状况，对既往病史

要认真填写，不可瞒报，以便带班的保育员和教师随时观察，对孩子采取必要的保护措施。（　）

16. 保育员要及时把婴幼儿的定期身体检查结果和各种情况分析通知家长，有时需要和家长讨论制定综合的婴幼儿身体调整和矫治方案，确保婴幼儿的健康发育和成长。（　）

17. 学前教育机构要严格执行晨间检查及全日观察制度，发现异常及时处理。（　）

18. 晨检是婴幼儿入园的第一关，晨检制度是为了排除一切安全隐患，从而对婴幼儿的疾病能够做到早发现、早诊断、早治疗。（　）

19. 婴幼儿入园以后，保育员在对婴幼儿进行日常保育和教育的过程中，应随时观察婴幼儿有无异常，发现异常情况立即与保健人员联系并做好全日观察记录。（　）

20. 学前教育机构是婴幼儿集体生活的场所，要确保儿童的健康，就要努力减少传染病的发生，杜绝传染病的暴发。（　）

21. 婴幼儿精神状态的好坏是婴幼儿身体健康与否的重要指标。在婴幼儿一日生活的各个环节中，保育员都应该注意随时观察婴幼儿的精神状态。（　）

22. 婴幼儿时期生长速度快，穿了没多长时间的鞋子很快就小了，所以为了穿的时间长一点，就给孩子穿大一点的鞋子。（　）

23. 蔬菜瓜果清洗前应用果蔬清洗剂浸泡半个小时。（　）

24. 清洗蔬菜瓜果时应使用流动水。（　）

25. 保育员可以将取回的饭菜放在活动区域的一角。（　）

26. 防止饭菜散热的棉布垫应半年拆洗一次。（　）

27. 保育员在分发餐具时可以把勺子直接放在桌子上。（　）

28. 让幼儿自主分发餐具可以培养幼儿自我服务的能力和为他人服务的意识。（　）

29. 分发餐具时每套餐具应对应婴幼儿的座位依次摆放。（　）

30. 分发饭菜时保育员应遵守少盛多添的原则。（　）

31. 在给婴幼儿盛饭菜时，保育员可以将汤和饭混合在一起盛。（　）

32. 面食可以用卫生的食品夹夹取直接放在桌子上。（　）

33. 膳食中植物性食物尤以大豆为佳。（　）

34. 一岁左右的婴幼儿通常食欲旺盛，用手抓饭。（　）

35. 两三岁的婴幼儿在饥饿时能主动摄食。（　）

36. 使用筷子时，食指和拇指应夹住筷子的最顶端。（　）

37. 婴幼儿进餐无须定时，可以随时饿了随时吃。（　）

38. 婴幼儿年龄小坐不住，进餐时可以边吃边玩。（　）

39. 挑食或偏食会因缺乏某种营养素而导致婴幼儿营养不良。（　）

40. 孩子吃饭不好可用零食来弥补。（　）

41. 进餐卫生中的“四净”是指“碗净、嘴净、衣服净、桌面净”。（　）

42. 午饭时孩子们吃多了，可以先到院子里跑一跑再午休。（　）

43. 分给婴幼儿的饭菜必须都吃干净，不能剩饭。（　）

44. 夏季从电冰箱内取出的食物可以让婴幼儿直接食用。（　）

45. 为了达到更好的防暑降温效果，保育员可以将西瓜放到电冰箱里冷藏一段时间后再让婴幼儿食用。（　）

46. 头一天的剩饭倒掉很可惜，保育员可以把剩饭保存在电冰箱里，第二天加热后可以继续让婴幼儿食用。（　）

47. 一年四季，保育员的取饭时间是固定的。（　）

48. 在盛饭菜的容器上加盖的防蚊罩应该一个月清洗一次。（　）

49. 为了避免浪费，保育员可以将腐烂水果的腐烂部位用刀切掉后再让婴幼儿食用。（　）

50. 夏季天气炎热，分发餐具前，保育员可以只穿隔离衣，不戴隔离帽。（　）

51. 在小班可以让值日生负责分发餐具。（　）

52. 由幼儿负责分发餐具时，保育员可以彻底放手。（　）

53. 吃汤泡饭不利于婴幼儿的身体健康。（　）

54. 鱼刺容易卡住婴幼儿的喉咙造成危险，所以在学前教育机构不能给婴幼儿吃鱼。（　）

55. 保育员在给婴幼儿分发饭菜的时候，一定要按照婴幼儿的座位顺序依次分发。（　）

56. 患病的婴幼儿在进餐时应遵循少量多次的原则。（　）

57. 保育员给婴幼儿盛饭时不能盛得过满，通常盛到饭碗的一半即可。（　）

58. 为婴幼儿分发面食时，保育员可用手拿面食直接放在桌子上即可。（　）

59. 营养是生命之根本。对于生长发育中的婴幼儿来说，从膳食中获得的营养物质越多越好。（　）

60. 食物的色、香、味、形直接影响宝宝的食欲。（　）

61. 食物形状的多样性可以为美味的食物起到锦上添花的作用。（　）

62. 食物的颜色能够吸引孩子的目光，因此可以在食物上添加些食用色素来提高孩子的食欲。（　）

63. 婴幼儿边吃边玩不利于食物的消化吸收，有损身体健康。（　）

64. 桶装纯净水中的细菌和杂质已被处理，所以可以让婴幼儿长期饮用。（　）

65. 通常情况下，婴幼儿的年龄越小，需水量就越少。（ ）

66. 在规定的饮水时间段以外不允许婴幼儿喝水。（ ）

67. 婴幼儿的饮水应做到随渴随喝。（ ）

68. 边吃饭边喝水容易影响食物的消化和吸收，不利于身体健康。（ ）

69. 为了及时补充水分，剧烈运动后应让婴幼儿立即大量饮水。（ ）

70. 炎热的夏季可以让婴幼儿饮用冰水以达到防暑降温的目的。（ ）

71. 婴幼儿年龄小，可以通过多喝些果汁来补充维生素。（ ）

72. 水的硬度以碳酸钙含量为 50～200 mg/L 为宜。（ ）

73. 长期单一饮用纯净水不利于婴幼儿的身体健康。（ ）

74. 为保证婴幼儿随时喝上热水，饮水机里的水可以反复烧开。（ ）

75. 寒冷的冬季，可以给婴幼儿喝冰豆浆。（ ）

76. 婴幼儿长期饮用含有有害物质的饮用水会诱发疾病。（ ）

77. 用保温桶盛饮用水，为了避免浪费，前一天喝不完的水第二天可以接着让婴幼儿饮用。（ ）

78. 桶装水是密封在桶内的，所以在饮用时间上没有什么限制。（ ）

79. 绿豆汤熬的时间越长清热效果越好。（ ）

80. 给婴幼儿制作豆浆的原材料仅限于黄豆。（ ）

81. 豆浆放置时间长了容易变质，应让婴幼儿尽快饮用，不能隔夜存放。（ ）

82. 构成人体体液和组织的主要成分是脂肪。（ ）

83. 婴幼儿患病期间应及时补充水分，否则会导致病情加重。（ ）

84. 为了防止因拥挤而发生意外，保育员可以组织婴幼儿分组轮流接水、饮水。（ ）

85. 饮水用的水杯都统一消过毒，所以婴幼儿可以混用水杯饮水。（ ）

86. 日常生活中，婴幼儿可以通过饮水吸收一定的微量元素。（ ）

87. 饮水前不需要组织婴幼儿洗手。（ ）

88. 婴幼儿的需水量只与饮食、气候和活动量有关，与年龄、体重无关。（ ）

89. 婴幼儿盥洗用的毛巾消毒后可共用。（ ）

90. 组织婴幼儿盥洗时尽量使用流动水，以确保水质卫生。（ ）

91. 为防止婴幼儿滑倒摔伤，盥洗完毕保育员要及时清理盥洗室地面。（ ）

92. 为了避免水倒流弄湿衣袖，水龙头应比婴幼儿的身高略高一些。（ ）

93. 婴幼儿在排小便前会出现坐立不安、打寒战等反应。（ ）

94. 婴幼儿长期憋便会导致便秘。（ ）

95. 擦屁股的正确方法是从后往前擦。（ ）

96. 保证充足的饮水，可以减少婴幼儿泌尿系统感染的机会。（　）

97. 婴幼儿出现心理性便秘与保育员的消极态度有关。（　）

98. 为了培养婴幼儿的独立性，在盥洗时保育员不要给婴幼儿提供任何帮助。（　）

99. 因为盥洗用的毛巾要统一消毒，所以婴幼儿用完毛巾后不必挂到固定的位置。（　）

100. 盥洗是婴幼儿在学前教育机构一日生活中非常重要的一个环节。（　）

101. 天气干燥的季节可以给婴幼儿搽润肤油以保持皮肤的湿润和清爽。（　）

102. 教婴幼儿搽润肤油没有什么方法，随便抹一点即可。（　）

103. 如厕后不接着吃东西可以不洗手。（　）

104. 为了减少疾病隐患，保育员应注意培养婴幼儿勤剪指甲、勤理发、勤换衣的习惯。（　）

105. 炎热的夏季，避免婴幼儿生痱子的最好方法就是勤洗澡，及时清除皮肤上的细菌和污垢，保持皮肤清爽。（　）

106. 因为婴幼儿有很强的可塑性，所以保育员可以通过行为强化的方式来培养婴幼儿养成良好的盥洗习惯。（　）

107. 为了节省时间，在婴幼儿盥洗时保育员可以去做就餐准备。（　）

108. 保育员可以根据婴幼儿的常见征兆来判断婴幼儿是否要大小便，并及时提醒婴幼儿如厕。（　）

109. 经常憋尿对婴幼儿的身体健康有一定影响，但影响不大。（　）

110. 婴幼儿排尿的指导与训练就是让婴幼儿在有了尿意的情况下，能够自主控制并将尿液排在便盆或厕所里。（　）

111. 保育员在给一岁以内的婴幼儿把尿时，通常会发出“嘘嘘”声来逗乐孩子。（　）

112. 一岁以内的婴幼儿不能把尿，只能用尿布或尿不湿。（　）

113. 婴幼儿便秘除了饮食不当这一原因外，更多的是由心理因素造成的。（　）

114. 由于婴幼儿排便时间过长会导致肛门脱垂，所以排便时间越短越好。（　）

115. 婴幼儿的年龄越小，需要的睡眠时间就越短。（　）

116. 上床睡觉前，保育员要提醒婴幼儿小便，以免尿床。（　）

117. 秋冬季节，为保证室内空气流通可以开窗就寝。（　）

118. 开灯睡眠对婴幼儿的身体健康没有任何影响。（　）

119. 寒冷季节婴幼儿午睡可以不脱衣服。（　）

120. 婴幼儿起床后，保育员应立即将被子叠放整齐。（　）

121. 经常晾晒被褥不仅可以预防疾病，而且能够提高睡眠质量。（　）

122. 保育员可以将叠好的被子放在枕头上面。（　）

123. 睡眠时间的长短与婴幼儿的身体生长和大脑发育有着密切的关系。（　）

124. 保证婴幼儿的睡眠包括两层含义：一是要保证充足的睡眠时间，二是要保证良好的睡眠环境。（　）

125. 只要婴幼儿的睡眠质量高，就无所谓睡眠时间的长短。（　）

126. 六岁宝宝的年龄相对较大，白天可以不睡午觉。（　）

127. 保育员应定期检查婴幼儿的床铺和被褥是否有裸露的长线头，目的是保持床铺被褥的整洁。（　）

128. 寝室内幽暗的光线能够营造出良好的睡眠气氛，有利于提高婴幼儿的睡眠质量。（　）

129. 保育员在组织婴幼儿睡眠时应该要求所有的婴幼儿同时入睡和起床。（　）

130. 婴幼儿睡眠过程中，保育员把孩子安顿好之后也可以顺便休息一下。（　）

131. 对于经常尿床的婴幼儿，保育员应掌握其排尿规律，在睡眠中及时叫醒他们排尿。（　）

132. 在寒冷季节，婴幼儿睡眠时穿脱衣服的顺序和平时是一样的。（　）

133. 午睡时婴幼儿脱下的衣服和鞋子可以任意摆放。（　）

134. 婴幼儿起床后，保育员将被子的里面翻转过来摊晾一会儿可以有效排出被子的湿气。（　）

135. 学前教育机构中所有物品都属于公共财物，每一件物品都应该分类登记造册，明确物品数量、采购日期和使用人，以便定时清点管理。（　）

136. 婴幼儿的毛巾、学具等物品，要做好标记，专人专用，以保持卫生清洁。（　）

137. 学前教育机构的教具、学具、图书等物品都要分类摆放在橱柜内，并贴上标签，以便于存放和拿取。（　）

138. 保育员要给婴幼儿讲解说明危险物品的危害性，使之自觉远离，避免可能造成的伤害。（　）

二、单项选择题（下列每题有 4 个选项，其中只有 1 个是正确的，请将其代号填写在横线空白处）

1. 肥胖是指体重超过按身高计算的标准体重________。

A. 10%　　B. 20%

C. 30%　　D. 40%

2. 身材矮小（又称侏儒）是指婴幼儿身高比相应年龄组人群按年龄的身高均值低

________标准差以下。

A. 1 个　　　　B. 2 个

C. 3 个　　　　D. 4 个

3. 低体重是指婴幼儿的体重比相应年龄组人群按________的体重均值数低两个标准差以下。

A. 年龄　　　　B. 身高

C. 性别　　　　D. 地域

4. 重度肥胖是指体重超过按身高计算的标准体重________。

A. 20%以上　　　　B. 20%～30%

C. 30%～50%　　　　D. 60%以上

5. 关于晨检工作，以下叙述正确的是________。

A. 晨检是保健医生的职责，和保育员没有关系

B. 一周当中，有一天进行重点、全面的晨检，其他时间走走形式就行，这样就不会引发危机

C. 学前教育机构可以根据传染病发病季节的特点，做有侧重的检查

D. 晨检是婴幼儿入园的第一关，晨检制度是为了排除一切安全隐患。所以只要保健大夫认真做好每天的晨检工作，保育员和带班教师就可以高枕无忧了

6. 对请假不来学前教育机构的婴幼儿，不正确的处理方法是________。

A. 请假不来学前教育机构的婴幼儿归家长管理，保育员和教师不用管

B. 要随时与家长沟通，了解婴幼儿的健康状况。一旦发现传染性病例，必须保证完全康复并已经脱离传染期后方可再来园

C. 对请假不来学前教育机构的婴幼儿也要做好缺勤和健康情况登记

D. 保育员要了解请假不来园婴幼儿的行踪，如发现婴幼儿出远门或者去了人很多的公共场所，要经过观察和身体检查，确保健康方可再入园

7. 在学前教育机构工作的全体人员，________必须进行一次全面的健康检查。

A. 三个月　　　　B. 一年

C. 两年　　　　D. 三年

8. 婴幼儿着装的基本要求是舒适、方便、安全、美观。其中最重要的是________。

A. 舒适　　　　B. 方便

C. 安全　　　　D. 美观

9. 在蚊蝇多的夏季，防止饭菜污染的最佳方法是在盛饭菜的容器上________。

A. 盖上棉布垫　　　　B. 铺上一层报纸

C. 盖上防蝇罩　　D. 盖上容器盖

10. 可以由值日生分发餐具的年龄班是________。

A. 小班　　B. 中班

C. 大班　　D. 中班和大班

11. 为了防止餐具受到污染，分发筷子时保育员正确的拿取方式是________。

A. 拿取筷子较细的一端　　B. 拿取筷子较粗的一端

C. 拿取筷子的中间部分　　D. 以上三种方法都可以

12. 可以使用筷子就餐的年龄班是________。

A. 小班　　B. 中班

C. 大班　　D. 中班和大班

13. 下面分发餐具的顺序正确的是________。

A. 先分勺或筷子后分碗　　B. 勺或筷子和碗同时分

C. 先分碗后分勺或筷子　　D. 以上分法都可以

14. 为了避免餐具受到污染，分发餐具的最佳时间是________。

A. 餐前10～20 min　　B. 餐前5～10 min

C. 餐前15～20 min　　D. 餐前20～30 min

15. 保育员盛饭菜和汤的时候应注意不要盛得太满，通常盛到饭碗的________处即可。

A. 2/3　　B. 3/4

C. 2/5　　D. 3/5

16. 保育员给婴幼儿添加饭菜的正确方式是________。

A. 从婴幼儿的前面递送　　B. 从婴幼儿的后面递送

C. 从婴幼儿的侧面递送　　D. 以上三种方式都可以

17. 膳食中动物性蛋白质与植物性蛋白质的比例应是________。

A. 1∶2　　B. 2∶1

C. 1∶1　　D. 1∶3

18. 膳食中蛋白质的摄入量应占总能量的________。

A. 5%～10%　　B. 10%～15%

C. 15%～20%　　D. 20%～25%

19. 下列食物中不属于动物性食物的是________。

A. 牛肉　　B. 鸡心

C. 猪肝　　D. 人造肉

20. 没有饱足感，容易吃撑、吃胀的年龄阶段是________。

A. 两岁左右　　B. 三岁左右

C. 一岁左右　　D. 四岁左右

21. 食欲时好时坏，容易出现挑食、偏食、厌食的年龄阶段是________。

A. 一岁左右　　B. 两三岁

C. 三四岁　　D. 四五岁

22. 婴幼儿的胃容量较小，食物在胃里的排空时间相对较短，大约需要________。

A. 3 h　　B. 4 h

C. 5 h　　D. 6 h

23. 一日三餐的搭配原则是________。

A. 早餐吃好、午餐吃饱、晚餐吃少　　B. 早餐吃好、午餐吃少、晚餐吃饱

C. 早餐不吃、午餐多吃、晚餐少吃　　D. 早餐多吃、午餐少吃、晚餐不吃

24. 保育员将饭菜取回后，放置的正确位置是________。

A. 活动室门口　　B. 婴幼儿活动区域之外

C. 婴幼儿活动区域之内　　D. 活动室的桌子上

25. 寒冷的秋冬季节，为保证婴幼儿吃上温热的饭菜，保育员可以在盛饭菜的容器上加盖棉布垫减缓散热。为了保证卫生清洁，棉布垫应定期清洗，通常________。

A. 一周拆洗一次　　B. 两周拆洗一次

C. 三周拆洗一次　　D. 四周拆洗一次

26. 炎热的夏季，保育员应做好饭菜的保洁工作，如在盛饭菜的容器上加盖防蝇罩。防蝇罩应定期清洗，通常________。

A. 一周清洗一次　　B. 两周清洗一次

C. 三周清洗一次　　D. 四周清洗一次

27. 婴儿班或小班幼儿使用的餐具型号应该是________。

A. 最小型号　　B. 最大型号

C. 中等型号　　D. 各种型号均可

28. 幼儿用筷子吃饭的好处是________。

A. 有利于发展幼儿手部的精细动作

B. 可以很好地锻炼幼儿手眼协调的能力

C. 有助于幼儿大脑的发育

D. 以上说法都正确

29. 对婴幼儿来说，最好的饮料是________。

A. 牛奶　　B. 纯果汁

C. 白开水　　D. 碳酸饮料

30. 为保证水质新鲜，桶装饮用水通常要在________用完。

A. 三天内　　B. 一周内

C. 十天内　　D. 两周内

31. 饮水机和保温桶的清洗消毒时间一般以________为宜。

A. 三天一次　　B. 一周一次

C. 十天一次　　D. 两周一次

32. 婴幼儿的饮水姿势，下面描述正确的是________。

A. 双手托着水杯底部饮水

B. 一手握杯柄，一手扶杯小口饮水

C. 一手扶杯大口饮水

D. 将水杯放在桌上，不用手，直接用嘴咬住杯口饮水

33. 在学前教育机构，婴幼儿一天喝水的时间大体可分为________时间段。

A. 4个　　B. 5个

C. 6个　　D. 7个

34. 在流行病高发季节，可以让婴幼儿每天早饭后饮用________一次，每次150~200 mL，连续饮用一周即可。

A. 绿豆水　　B. 板蓝根水

C. 菊花水　　D. 金银花水

35. 幼儿饮用饮水机里的水，接水的正确顺序是________。

A. 先接热水后接凉水　　B. 先接凉水后接热水

C. 没有先后顺序　　D. 以上说法都正确

36. 饮用pH值呈弱碱性的饮用水，对婴幼儿健康的意义是________。

A. 可以加速物质代谢　　B. 提高机体的免疫力

C. 增强婴幼儿的体质　　D. 以上内容都包括

37. 炎热的夏季，为了加快保温桶内的水散热，可采取的措施是________。

A. 将保温桶放置在阴凉通风的地方　　B. 尽早打水

C. 打开保温桶的桶盖　　D. 以上方法都可以

38. 饮水机放置的最佳位置是________。

A. 活动室门口　　B. 活动区之内

C. 活动区之外　　D. 没有严格的要求，只要方便就行

39. 水是人体组织、体液的主要成分，在体内含量最高，婴幼儿期约占体重的

________。

A. 60%　　B. 70%

C. 50%　　D. 80%

40. 三岁婴幼儿每天每公斤体重需水量大约是 110～120 mL，一个体重为 15 kg 的三岁男孩，其一天的总需水量大约是________。

A. 1 200～1 400 mL　　B. 1 450～1 550 mL

C. 1 650～1 800 mL　　D. 1 800～2 000 mL

41. 对因便秘而出现排便困难的婴幼儿，保育员应________。

A. 及时与家长沟通　　B. 鼓励婴幼儿定时排便

C. 在饮食上进行调理　　D. 以上说法都正确

42. 训练婴幼儿排尿的最佳时期是________。

A. 6 个月　　B. 1 岁

C. 1～2 岁　　D. 2～3 岁

43. 婴幼儿的排便时间应控制在________。

A. 2 min 左右　　B. 5 min 左右

C. 10 min 左右　　D. 15 min 左右

44. 引起婴幼儿便秘的原因有________。

A. 饮食不当　　B. 不良的排便习惯

C. 饮水量少　　D. 以上原因都有

45. 改善婴幼儿便秘应做到________。

A. 调整婴幼儿的饮食结构　　B. 及时补充水分

C. 培养定时大便的习惯　　D. 以上三点都包括

46. 在学前教育机构盥洗环节中非常重要的一项内容是________。

A. 洗头　　B. 洗脚

C. 洗澡　　D. 洗手

47. 需要保育员帮助涂搽润肤油的年龄班是________。

A. 小班　　B. 中班

C. 大班　　D. 各个年龄班

48. 秋冬季节，婴幼儿洗澡、洗头的频率通常是________。

A. 三天一次　　B. 一周一次

C. 一月一次　　D. 半月一次

49. 在盥洗间里张贴洗手步骤示意图这种做法属于培养良好盥洗习惯方法中的

________。

A. 发挥文学作品的作用　　B. 发挥同伴榜样的作用
C. 发挥行为强化的作用　　D. 发挥环境熏陶的作用

50. 榜样法是培养婴幼儿良好盥洗习惯的方法之一。下面可以成为婴幼儿模仿和学习的榜样的有________。

A. 教师　　B. 同伴
C. 文学作品中的典型　　D. 以上都可以

51. 不能专心排便会给婴幼儿带来的危害有________。

A. 肛门脱出　　B. 腿部和臀部疲劳麻木
C. 不利于排便条件反射的形成　　D. 以上方面都包括

52. 心理性便秘容易发生的年龄阶段是________。

A. 1～2 岁　　B. 2～3 岁
C. 3～4 岁　　D. 4～5 岁

53. 下列物品中不属于就寝危险品的是________。

A. 发卡　　B. 扣子
C. 纸片　　D. 花生米

54. 下列各项活动，不适合安排在睡眠前进行的是________。

A. 桌面游戏　　B. 散步
C. 跳绳　　D. 讲故事

55. 组织婴幼儿睡眠前，保育员应做的准备工作有________。

A. 舒缓婴幼儿的情绪　　B. 提醒婴幼儿排尿
C. 检查婴幼儿的口袋　　D. 以上三点都包括

56. 冬季寝室的温度应控制在________。

A. 18～28℃　　B. 20～24℃
C. 25～30℃　　D. 20～30℃

57. 冬季寝室的湿度标准为________。

A. 40％～60％　　B. 30％～50％
C. 40％～80％　　D. 30％～70％

58. 使用空调降温时，室内外温差以不超过________为宜。

A. 10℃　　B. 3℃
C. 5℃　　D. 8℃

59. 夏季室内温度通常控制在________为宜。

A. 25～27℃　　B. 20～25℃

C. 25～30℃　　D. 27～30℃

60. 对易尿床的婴幼儿，保育员应给予特别关注，做到________。

A. 睡前提醒小便　　B. 睡眠中注意观察

C. 睡眠中及时叫醒排尿　　D. 以上三点都要做到

61. 婴幼儿的被褥每次晾晒的时间应是________。

A. 2 h 以上　　B. 3 h 以上

C. 1 h 以上　　D. 4 h 以上

62. 晾晒被褥通常选择在阳光充足的时间段，如________。

A. 上午 9 点至下午 2 点　　B. 上午 8 点至下午 1 点

C. 上午 10 点至下午 3 点　　D. 上午 7 点至中午 12 点

63. 婴幼儿的被褥通常以________晾晒一次为宜。

A. 每天　　B. 每周

C. 每半个月　　D. 每月

64. 3 岁宝宝平均每日总睡眠量为________。

A. 12～16 h　　B. 10～13 h

C. 11～14 h　　D. 13～16 h

65. 保育员可以将________的床铺安排在靠近寝室门口或靠近保育员视线的地方，以避免影响其他婴幼儿。

A. 不喜欢睡觉的婴幼儿　　B. 睡眠时间短的婴幼儿

C. 不能及时入睡的婴幼儿　　D. 以上三项都包括

66. 脱衣服的正确顺序是________。

A. 上衣——鞋——袜子——裤子　　B. 裤子——鞋——袜子——上衣

C. 鞋——袜子——裤子——上衣　　D. 袜子——鞋——裤子——上衣

67. 穿衣服的正确顺序是________。

A. 袜子——裤子——鞋——上衣　　B. 上衣——裤子——袜子——鞋

C. 袜子——鞋——上衣——裤子　　D. 裤子——上衣——袜子——鞋

68. 保育员叠被通常包括________个步骤。

A. 3 个　　B. 4 个

C. 5 个　　D. 2 个

69. 为了避免室内设备出现安全隐患，最重要的管理措施是________。

A. 做好每件设备的登记入册

B. 摆放整齐

C. 定期清点

D. 加强保养，及时对损坏设备进行维修或者更换

70. 对人的皮肤、家具等腐蚀性比较大的危险品是________。

A. 杀虫剂　　B. 灭火剂

C. 含氯消毒液　　D. 消毒灯光

三、多项选择题（下列每题中的多个选项中，至少有2个是正确的，请将正确答案的代号填在横线空白处）

1. 婴幼儿生长发育的特性有________。

A. 阶段性　　B. 不变性

C. 个体差异性　　D. 程序性

2. 不仅测试方便，而且能为准确评价婴幼儿生长发育水平提供重要信息的三项指标是________。

A. 皮下脂肪　　B. 体重

C. 头围　　D. 身长（身高）

3. 体格生长偏离是婴幼儿生理的异常发育，主要包括________。

A. 低体重　　B. 消瘦

C. 肥胖　　D. 身材矮小

4. 导致婴幼儿体格生长偏离的原因是复杂的，包括________。

A. 遗传因素　　B. 营养因素

C. 疾病因素　　D. 心理因素

5. 被世界卫生组织列为世界范围内的重点防治对象的"小儿四病"包括________。

A. 缺铁性贫血　　B. 维生素D缺乏性佝偻病

C. 肺炎　　D. 婴幼儿腹泻

6. 心理健康是一种平衡状态，主要体现在________。

A. 人的内心世界与客观环境的平衡　　B. 喜怒无常

C. 每时每刻都很开心　　D. 自我与他人的平衡

7. 健康检查制度就是以确保婴幼儿的健康为目的，对一些可能出现的异常情况我们要做到________。

A. 早发现　　B. 早预防

C. 早处理　　D. 早治疗

8. 为确保婴幼儿没有感染传染性疾病，________需要重新体检，方可回园。

A. 生病两个月后　　　　　　　　B. 离园一个月以上

C. 去外地（离开本市）返回时　　　　D. 请假一天

9. 一般来说，学前教育机构的定期体检制度包括________。

A. 每季度为婴幼儿测身高、体重、视力一次

B. 每年为婴幼儿进行全面检查一次

C. 每月为婴幼儿测身高、体重、视力一次

D. 每三个月为婴幼儿进行全面检查一次

10. 定期体检之后，要做好记录，记录之后要________。

A. 对所测数据进行健康分析　　　　B. 对所测数据进行健康评价

C. 对所测数据进行疾病统计　　　　D. 为每个婴幼儿均应建立健康卡片或档案

11. 对定期体检结果正确的处理方法是________。

A. 对于一般性疾病要给予及时处理

B. 有Ⅱ度以上营养不良、中度以上贫血、中度以上肥胖、佝偻病等的婴幼儿应转入体弱儿管理或建专案管理

C. 发现缺陷儿要进行登记管理，及时给予矫治

D. 要及时把检查结果和各种情况分析通知家长，有时需要和家长讨论制定综合的婴幼儿身体调整和矫治方案

12. 晨检工作就是要认真做好________。

A. 一看　　　　　　　　B. 二问

C. 三摸　　　　　　　　D. 四查

13. 晨检工作的主要内容有________。

A. 向家长询问婴幼儿在家的饮食、睡眠和大小便情况有无异常

B. 通过触摸额头、双耳根及下颌了解婴幼儿是否发热，腮腺是否肿大，扁桃体是否发炎

C. 通过观察婴幼儿的口腔，了解婴幼儿咽喉是否红肿，口腔是否有红疹、水疱等

D. 通过观察婴幼儿的精神状态、面色、眼结膜、皮肤等了解婴幼儿是否患有结膜炎、出疹性皮肤病、手足口病等

E. 检查婴幼儿的口袋，看婴幼儿是否携带了易造成婴幼儿意外伤害的物品和玩具，并及时给予处理

14. 关于学前教育机构工作人员健康检查制度的说法正确的有________。

A. 学前教育机构的工作人员上岗前必须到指定的医疗保健单位进行严格的健康检查，经体检合格由检查单位签发健康证明书后方可上岗工作

B. 对患有乙肝表面抗原阳性、结核病、精神病、肢体残缺者，不能在学前教育机构从事保育员和教师等接触孩子的岗位工作，但可以做炊事员、门卫等工作

C. 在工作中发现患以上急、慢性传染病及病原携带者以及有碍于幼儿身体健康的疾病，要及时隔离并调离工作岗位

D. 有些疾病痊愈后，须持有关的健康诊断证明方可恢复工作

15. 为了预防传染病在学前教育机构的传播，必须做到________。

A. 一发现有婴幼儿身体不适就要马上进行隔离

B. 对疑似或确诊传染病的患儿要立即隔离

C. 对密切接触者要进行检疫

D. 对患儿的用具和生活场所要进行全面消毒

16. 学前教育机构要建立健全各种记录、登记制度，对每天晨、午、晚检出现的异常情况要及时登记，一般有________等记录表簿。

A. 出勤登记表　　B. 疾病登记表、传染病登记表

C. 家庭情况登记表　　D. 用药情况登记表

17. 以下婴幼儿着装方式中，存在安全隐患的有________。

A. 服装的大小宽松适度，面料柔软、吸湿透气、款式简单

B. 小班的佳佳穿了一条裤脚宽松肥大的裤子，很飘逸漂亮

C. 衣服帽子两边有两条漂亮的带子，带子末端有两个大大的红色绒毛球

D. 最近市场上很流行带有长长的彩色鞋带的鞋子，托班的丽丽也穿了一双，很好看

18. 危害婴幼儿安全的小物品的来源主要有________。

A. 早晨从家里带来的　　B. 户外活动时搜集的

C. 游戏活动时偷偷留下的　　D. 以上内容都正确

19. 春夏季节加快饭菜散热的方法有________。

A. 用饭勺搅拌　　B. 在风扇下散热

C. 在通风好的地方散热　　D. 保育员用嘴吹气散热

20. 秋冬季节饭菜保温的方法有________。

A. 加盖容器盖　　B. 盖上棉布垫

C. 盖上防蝇罩　　D. 放在暖气旁

21. 保育员在分发餐具前需要做好的准备工作有________。

A. 穿好隔离衣　　B. 将餐桌消毒并擦拭干净

C. 洗手　　D. 戴好隔离帽

22. 分发餐具时如果不慎将餐具掉落在地，正确的处理方法是________。

A. 捡起来直接用　　B. 立即更换

C. 用卫生纸擦擦继续用　　D. 用清水冲洗后使用

23. 均衡的食物搭配包括________。

A. 主副搭配　　B. 粗细搭配

C. 荤素搭配　　D. 干稀搭配

24. 常见的动物性食品中，营养价值高的有________。

A. 牛奶　　B. 鸡蛋

C. 鱼　　D. 瘦肉

25. 下列食物中属于植物性食品的有________。

A. 黑豆　　B. 牛奶

C. 鸡蛋　　D. 黄瓜

26. 考虑到婴幼儿的特点，在烹调方法上应做到________。

A. 烂　　B. 软

C. 细　　D. 嫩

27. 四岁以后，婴幼儿的食欲基本保持稳定，主要表现为________。

A. 饥饿时能主动进食

B. 保持良好的食欲

C. 在患病或情绪不良时容易出现食欲不振

D. 经常吃撑吃胀

28. 两三岁的婴幼儿食欲不稳定的原因是________。

A. 活动范围扩大　　B. 对食物的需求量减少

C. 注意力转移　　D. 生长发育减慢

29. 婴幼儿定时进餐的好处有________。

A. 增进食欲　　B. 获得足够的营养素和热量

C. 形成进餐规律　　D. 培养良好进餐习惯

30. 导致婴幼儿挑食、偏食的因素有________。

A. 吃零食过多　　B. 饮食不规律

C. 微量元素缺乏　　D. 消化不良

31. 解决婴幼儿挑食、偏食的方法有________。

A. 一日三餐定时定量

B. 创造愉快的进餐气氛

C. 用品种多样的饭菜引起婴幼儿的食欲

D. 提供独立进餐的机会

32. 下列行为中属于文明进餐习惯的有________。

A. 不用手抓饭　　B. 喝汤时不发出声响

C. 捡拾桌上的饭粒　　D. 好吃的占为己有

33. 下列活动中适合在开饭前进行的有________。

A. 拍球　　B. 讲故事

C. 看图画书　　D. 跳绳

34. 为保证饭量大的婴幼儿在二次取饭时仍能吃上温热的饭菜，保育员应采取的正确措施是________。

A. 加盖容器盖　　B. 围好棉布垫

C. 放在暖气旁　　D. 加盖防蝇罩

35. 下面关于清洗蔬菜瓜果的陈述正确的是________。

A. 用果蔬清洗剂将蔬菜瓜果浸泡 10 min 左右

B. 用果蔬清洗剂将蔬菜瓜果浸泡 30 min 左右

C. 用流动水将蔬菜瓜果反复冲洗

D. 用盆里的水反复冲洗

36. 可以由值日生负责分发餐具的年龄班是________。

A. 小班　　B. 中班

C. 大班　　D. 各个年龄班均可

37. 下面关于保育员分发餐具的描述正确的是________。

A. 盘和碗前后放　　B. 盘和碗并列放

C. 勺子或筷子放在桌子上　　D. 勺子或筷子放在盘子上

38. 让幼儿分发餐具的好处有________。

A. 通过实际操作，让幼儿进一步明确数的概念

B. 锻炼了幼儿的自理能力

C. 教育教学的内容在日常生活中得到巩固和延伸

D. 培养了幼儿为他人服务的精神

39. 宝宝感冒了，没有胃口。下面提供的食物中不适合宝宝吃的是________。

A. 小米稀饭　　B. 炸馒头片

C. 面条　　D. 炒米饭

40. 下列食品中，容易导致婴幼儿过敏的食物有________。

A. 鸡蛋　　B. 牛奶
C. 猪肉　　D. 鱼虾

41. 如果婴幼儿从膳食中获得的营养物质缺乏，可能会出现的症状有________。
A. 生长发育迟缓　　B. 智力发育缓慢
C. 体重过轻　　D. 免疫力下降

42. 在配制膳食时应遵循的原则是________。
A. 全面化　　B. 科学化
C. 合理化　　D. 多样化

43. 下列行为中属于不良进餐行为的有________。
A. 定时进餐　　B. 零食替代正餐
C. 定量进餐　　D. 暴饮暴食

44. 下列食物中，含钙量比较高的食物是________。
A. 虾皮　　B. 苹果
C. 牛奶　　D. 饮用水

45. 下列饮料中具有防暑降温作用的是________。
A. 酸梅汤　　B. 豆浆
C. 纯果汁　　D. 绿豆汤

46. 下面关于自制绿豆汤的描述正确的是________。
A. 绿豆一开花即可　　B. 绿豆必须煮烂
C. 绿豆和水的比例大于 1∶10　　D. 绿豆和水的比例小于 1∶10

47. 饮水对婴幼儿健康的意义有________。
A. 提高机体的抵抗力　　B. 保持大便通畅
C. 保证新陈代谢正常进行　　D. 保持咽喉部清洁

48. 影响婴幼儿需水量的因素有________。
A. 婴幼儿的活动量　　B. 气候
C. 婴幼儿的情绪　　D. 婴幼儿的饮食

49. 下列情形中，需要及时给婴幼儿补充水分的有________。
A. 大量出汗后　　B. 吃得过咸
B. 患病期间　　D. 天气炎热

50. 培养婴幼儿自主饮水的好处有________。
A. 减轻保育员的工作负担　　B. 培养婴幼儿的独立能力
C. 培养婴幼儿自我服务的意识　　D. 可以更及时地补充水分

51. 下面关于婴幼儿喝白开水的好处描述正确的是________。

A. 白开水最解渴　　B. 白开水能消除疲劳

C. 白开水在体内代谢快　　D. 白开水能提高机体抵抗疾病的能力

52. 判断水质的好坏，主要从________方面来考察。

A. 颜色　　B. 气味

C. 清澈度　　D. 口感

53. 下面关于婴幼儿饮用水应达到的要求描述正确的是________。

A. 水的 pH 值呈弱酸性

B. 含有人体所需适量的微量元素

C. 不含任何有害的物质和致病菌

D. 水的硬度以碳酸钙含量为 50～100 mg/L 为宜

54. 盛饮用水的保温桶，在清洗时需要特别清洗的部位有________。

A. 保温桶的内胆　　B. 保温桶的外壁

C. 水龙头　　D. 出水口

55. 为了给婴幼儿准备温度适宜、数量充足的饮用水，保育员应考虑的因素有________。

A. 天气情况　　B. 婴幼儿的饮食情况

C. 婴幼儿的人数　　D. 婴幼儿的活动量

56. 下列描述中属于不良饮水习惯的是________。

A. 经常喝白开水　　B. 边吃饭边喝水

C. 随渴随喝　　D. 饮用冰水

57. 水中的微量元素铁的主要功能是输送氧，如果摄入过少，可能出现的症状是________。

A. 智力发展缓慢　　B. 龋齿

C. 缺铁性贫血　　D. 肝硬变

58. 可以让婴幼儿独自接水、饮水的年龄班是________。

A. 小班　　B. 中班

C. 大班　　D. 各个年龄班均可以

59. 婴幼儿盥洗的内容主要包括________。

A. 洗手、洗脸　　B. 刷牙、漱口

C. 洗头、洗脚、洗澡　　D. 洗屁股

60. 婴幼儿盥洗的意义有________。

A. 保持皮肤清洁　　B. 提高机体的免疫力
C. 培养良好的卫生习惯　　D. 培养生活自理能力

61. 组织盥洗时，保育员应提醒婴幼儿注意的事项有________。
A. 不拥挤、不打闹　　B. 不玩水
C. 擦肥皂要适度　　D. 毛巾挂在固定位置

62. ________要及时洗手。
A. 饭前便后　　B. 户外活动后
C. 擦鼻涕或咳嗽后　　D. 从医院出来

63. 婴幼儿用温水泡脚的好处有________。
A. 加快血液循环　　B. 缓解疲劳
C. 预防感冒　　D. 有助睡眠

64. 培养婴幼儿良好盥洗习惯的方法有________。
A. 教育形式灵活多样　　B. 发挥榜样作用
C. 注意行为强化　　D. 创设良好的盥洗环境和氛围

65. 婴幼儿排大便前身体的反应通常表现为________。
A. 放屁　　B. 眼神发直、脸发红
C. 伴随身体用力的动作　　D. 发出使劲的声音

66. 婴幼儿憋尿可能造成的不良后果有________。
A. 增加肾脏负担　　B. 分散注意力
C. 情绪紧张　　D. 造成尿路感染

67. 组织婴幼儿盥洗时，为避免因人多拥挤而发生意外，保育员可采取的盥洗方式有________。
A. 自由盥洗　　B. 按顺序盥洗
C. 分组盥洗　　D. 个别盥洗

68. 保育员协助婴儿或较小的幼儿盥洗时，需要协助的内容有________。
A. 协助婴幼儿擦肥皂　　B. 协助婴幼儿挽袖口
C. 协助婴幼儿用毛巾擦干　　D. 协助婴幼儿搽润肤油

69. 培养婴幼儿坚持早晚刷牙、饭后漱口的意义是________。
A. 美白牙齿　　B. 预防龋齿
C. 及时清除食物残渣　　D. 保持口气清新

70. 针对宝宝不爱洗脚的问题，保育员可采取的适宜的教育方式是________。
A. 说教　　B. 强制

C. 同伴榜样　　D. 文学作品感化

71. 托班或小班婴幼儿的年龄小，自我服务的能力差，需要在保育员的帮助下大、小便，需要帮助的内容有________。

A. 脱裤子　　B. 在一旁搀扶

C. 擦屁股　　D. 整理衣裤

72. 保育员在训练婴幼儿排便时应注意的问题有________。

A. 掌握好婴幼儿的排便时间

B. 帮助婴幼儿养成每天定点排便的习惯

C. 注意观察婴幼儿排便前的动作表现

D. 用正确的态度对待婴幼儿的排便行为

73. 睡眠对婴幼儿身体健康的意义有________。

A. 增加体重　　B. 缓解疲劳

C. 促进大脑发育　　D. 有利于长高

74. 婴幼儿时期因睡眠不足带来的危害有________。

A. 影响长高　　B. 影响心理健康

C. 机体的免疫力降低　　D. 影响大脑发育

75. 保证婴幼儿的睡眠有两层含义，分别是________。

A. 保证婴幼儿的睡眠质量　　B. 保证充足的睡眠时间

C. 保证良好的睡眠环境　　D. 保证适宜的睡眠温度

76. 秋冬季节，开窗通风的最佳时间是________。

A. 上午 9 点到 11 点　　B. 上午 8 点到 10 点

C. 下午 2 点到 4 点　　D. 下午 3 点到 5 点

77. 冬季室内空气干燥，可以用________方法来增加寝室湿度。

A. 在寝室内放一盆水　　B. 开加湿器

C. 在暖气片上放湿毛巾　　D. 开空调

78. 夏季天气炎热，寝室降温的方法有________。

A. 开空调　　B. 吹电风扇

C. 开加湿器　　D. 往地面上洒水

79. 睡眠物质环境的创设包括________。

A. 良好的通风　　B. 适宜的室内温度和湿度

C. 适宜的光线　　D. 安静的睡眠环境

80. 睡眠心理环境的创设包括________。

A. 睡前播放轻音乐　　B. 保持婴幼儿良好的情绪状态

C. 保育员对待婴幼儿的态度要温和　　D. 创设安静的睡眠环境

81. 对体质较好、怕热的婴幼儿，保育员可以把他们的床铺安排在________。

A. 寝室门口　　B. 窗户下面等通风好的地方

C. 避风的地方　　D. 任意位置

82. 婴幼儿睡眠中的安全隐患有________。

A. 不脱衣服睡觉　　B. 嘴里含着口香糖睡觉

C. 将被褥上的线头缠绕在手指上　　D. 将被子蒙住头睡觉

83. 组织婴幼儿睡眠前保育员需要做的准备工作有________。

A. 打扫寝室卫生　　B. 提醒婴幼儿喝水

C. 提醒婴幼儿排尿　　D. 检查婴幼儿的口袋

84. 保育员可以把________的床铺安排在寝室门口、窗户下面等通风好的地方，以保证其睡眠质量。

A. 怕冷的婴幼儿　　B. 怕热的婴幼儿

C. 体质好的婴幼儿　　D. 体质差的婴幼儿

85. 组织睡眠时，保育员可以先组织________提前入睡。

A. 需要长时间睡眠的婴幼儿　　B. 脱衣动作慢的婴幼儿

C. 年龄较小的婴幼儿　　D. 体质较弱的婴幼儿

86. 中、大班的幼儿自己穿好衣服后，保育员应帮助他们整理好________。

A. 袖口　　B. 领口

C. 裤口　　D. 鞋带

87. 常晒被褥的好处有________。

A. 杀死细菌　　B. 预防疾病

C. 提高睡眠质量　　D. 被褥更暖和

88. 婴幼儿起床后，保育员需要做的工作有________。

A. 照顾婴幼儿穿衣、小便、喝水　　B. 将婴幼儿的被子翻转过来摊晾

C. 拉开窗帘，开窗通风　　D. 整理床铺

89. 保育员叠被的基本步骤是________。

A. 晾被　　B. 整理床单和枕巾

C. 叠两边　　D. 叠成豆腐块

90. 常规物品管理的基本要求是________。

A. 做好每件物品的登记入册　　B. 放于适当位置并摆放整齐

C. 做好正常使用记录和保养维修　　　　D. 定期清点不丢失

91. 学前教育机构的物品管理制度一般包括________。

A. 婴幼儿书包、衣物等由各班老师安排固定放置位置，贴上标签做好标记

B. 婴幼儿玩具、教具、学习用品、日常生活用品等物品由各班老师安排固定放置位置，贴上标签做好标记

C. 婴幼儿水杯、毛巾放置在水杯、毛巾的固定位置，做上标记，专人专用

D. 领取物品时须填写领用登记表，不可未经允许拿用学前教育机构物品，借用须及时归还

92. 一般来说，学前教育机构中专人专用的物品有________。

A. 毛巾　　　　B. 水杯

C. 图书　　　　D. 橡皮泥

93. 危险物品一般包括________。

A. 有腐蚀性物品　　　　B. 有毒的物品

C. 易燃易爆物品　　　　D. 以上答案都正确

94. 危险物品的保管常识包括________。

A. 危险物品应存放在安全固定的位置，并由专人负责保管

B. 严格按说明书的要求保管危险物品

C. 用后剩余的危险品要及时放回储藏室或其他婴幼儿不易接触的地方

D. 剩余准备丢掉的危险物品及其容器应按规定统一回收处理，切不可随意丢弃

95. 危险物品的定期检查主要从________几个方面进行。

A. 存放的位置是否被移动过　　　　B. 存放环境是否有变化

C. 是否快到最后使用期限　　　　D. 瓶盖是否旋紧，有否松动漏气

96. 避免消毒灯误开伤害婴幼儿的方法有________。

A. 消毒灯工作时要在门口标有明显提示，防止消毒灯工作时婴幼儿误入

B. 消毒灯开关与普通照明灯开关严格区分，避免误开

C. 消毒灯开关要贴有明显标志，并教婴幼儿识别，避免误开

D. 杜绝使用消毒灯

理论知识辅导练习题参考答案及说明

一、判断题

1. √。保护婴幼儿的生命安全和身体健康是学前教育机构的首要任务，是其他学习活动

开展的基础。

2.√。婴幼儿的生理健康既包括器官和组织的正常生长发育，也包括身体无缺陷、体质好、抵抗疾病能力强。

3.×。婴幼儿的生理健康既包括器官和组织的正常生长发育，也包括身体无缺陷、体质好、抵抗疾病能力强。视力不良属于器官功能不正常，肥胖、瘦弱属于生长发育不好，都属于身体不健康。

4.√。器官和组织的正常发育、生理系统的正常工作才能确保婴幼儿的正常生活和身体健康。

5.√。婴幼儿的生长发育的共性是具有阶段性和程序性，但同时又有个体差异性，是共性和个性的统一。

6.×。由于婴幼儿生长发育的个别差异性，婴幼儿各个器官组织的大小、质（重）量的变化以及身高、体重的增加速度，不同的婴幼儿可以不完全一致。

7.√。同一婴幼儿在不同时期发展速度也可以有快有慢，但正常个体的发展过程基本稳定且差异幅度有限。

8.√。学前教育机构要利用婴幼儿的群体环境，观察了解婴幼儿身体总体发展水平必须在正常范围内，异常情况要及时报告家长，并做出力所能及的处理。

9.√。保育员要了解的婴幼儿常见疾病主要有呼吸道疾病、消化道疾病、营养性疾病、先天发育不良等，以便及时观察。

10.×。消瘦是指婴幼儿的体重比相应年龄组人群按身高的体重均值数低两个标准差以下，而不是按年龄。按年龄的体重均值数低两个标准差以下，属低体重。

11.√。确保婴幼儿身体正常和健康地发展是婴幼儿期监测最重要的内容。

12.√。一般健康出生的婴幼儿的身体健康状况是可以通过外在的反映直接观察出来的。所以学前教育机构的保育员和教师要学会把这些常规观察作为排查婴幼儿身体情况的第一道程序。

13.×。体重超过按身高计算的标准体重20%～30%以上为轻度肥胖。

14.×。健康检查制度就是以确保婴幼儿的健康为目的，体检中发现有传染病的婴幼儿不能入园，要有效治疗并经过检疫期，无症状方可入托入园，以避免交叉感染。

15.√。家长如实反映孩子的身体状况是保证学前教育机构对孩子进行必要的照料和护理的前提，所以保育员和教师一定要向家长反复表明此意图，打消家长顾虑。

16.√。家长是孩子的第一监护人，婴幼儿的定期体检结果要尽快通知家长，并与家长讨论制定综合调整和矫治方案。

17.√。对婴幼儿每天进行晨间检查和全日观察，这是掌握婴幼儿身心状态的重要工作。

18.√。晨检是及时发现婴幼儿的异常情况，及早处理的重要方法。

19.√。全日工作中，随时观察婴幼儿的各种情况，及时处理并做好记录是保育员重要工作职责。

20.√。如果传染病在婴幼儿聚集的学前教育机构大面积暴发，则严重危害婴幼儿的身心健康，违背了学前教育机构基本的保教原则。所以学前教育机构要采取一切措施，努力减少传染病的发生，杜绝传染病的暴发。

21.√。婴幼儿身体的不适会通过他们精神状态不好反映出来，所以保育员在一日生活中要细心观察，及时发现某个孩子精神状态的反常表现，以便尽早处理。

22.×。鞋子太大会让孩子活动不便，容易在活动中摔倒，这种做法是不安全的。所以家长这样做是不对的。

23.×。蔬菜瓜果用果蔬清洗剂浸泡 10 min 左右后用流水冲洗干净即可。

24.√。用流水能更彻底地把蔬菜瓜果上的农药残留清洗干净。

25.×。保育员放置饭菜时应远离活动区域，以免热的饭菜将婴幼儿烫伤。

26.×。棉布垫应每半个月拆洗一次，保持清洁，以防滋生细菌。

27.×。勺子应放在餐盘或碗里。放在桌上容易造成污染。

28.√。自主分发餐具主要在中、大班进行。

29.√。依次摆放餐具可以让婴幼儿对号入座，熟练掌握一一对应的关系。

30.√。根据婴幼儿的个别差异分发饭菜，防止食物浪费。

31.×。汤和饭应分别盛放。因为吃汤泡饭不利于婴幼儿的身体健康。

32.×。面食应放在餐盘中以防污染。

33.√。大豆中含有丰富的植物性蛋白，是最好的植物性食品。

34.√。一岁左右的婴幼儿正处在生长发育最迅速的时期，机体对食物的需求量逐渐增加，所以食欲较为旺盛，没有饱足感，容易吃撑。而且他们手部小肌肉动作发展不好，喜欢用手抓饭。

35.×。四岁以后的婴幼儿食欲基本稳定，在饥饿时能主动摄食。

36.×。用食指和拇指夹住两根筷子的上部约 1/3 处的位置。

37.×。婴幼儿胃的排空时间大约是 4 个小时。定时进餐不仅可以引起婴幼儿的食欲，从而获得足够的营养素和热量，满足其身体需求，而且有利于婴幼儿形成进餐规律，养成良好的进餐习惯。

38.×。边吃边玩会分散婴幼儿的注意力，不仅影响食欲，而且影响食物的消化和吸收，不利于婴幼儿的健康。

39.√。任何一种食物都不可能含有完全的营养素。偏食或挑食会因某种营养素的缺乏而导致营养不良，进而危害婴幼儿的身体健康。只有平衡膳食，保证各种营养素的获得，才能满足婴幼儿身心发展的需要。

40.×。经常吃零食不仅会使胃肠因得不到休息而引发功能紊乱，导致消化不良，而且会让孩子养成不良的饮食习惯。

41.×。进餐卫生中的“四净”是指“碗净、地面净、衣服净、桌面净”。

42.×。为保障睡眠质量，午休前不应让婴幼儿做剧烈的体育活动。

43.×。不要让婴幼儿养成剩饭的习惯。对婴幼儿剩饭的问题，保育员应针对具体情况，区别对待。如果是身体不适可以剩饭；如果是饭量小，保育员盛饭时注意少盛多添，防止剩饭。

44.×。电冰箱内有大量的细菌，从冰箱里取出来的食物应加热后再食用。

45.×。冷藏过的食物温度过低，食用时会刺激胃肠道。婴幼儿年龄小，胃肠对冷热刺激比较敏感，容易引发胃肠不适，不利于婴幼儿的身体健康。

46.×。保育员应给婴幼儿提供新鲜卫生的食物，不能让婴幼儿吃隔夜饭，以防引起食物中毒或腹泻。

47.×。春夏季节气温高，饭菜散热慢，保育员可以提前一会儿到厨房提取饭菜。饭菜取回后可以用各种方式加快其散热；秋冬季节，为了让婴幼儿吃上温度适宜的饭菜，保育员应尽量缩短取饭时间，取回后注意保温。

48.×。炎热的夏季，蚊虫很容易传播细菌和病毒，为了保证饭菜卫生，保障婴幼儿的身体健康，防蝇罩至少应一周清洗消毒一次。

49.×。腐烂的水果里含有大量的细菌，让婴幼儿食用很可能引起腹泻或胃肠道不适。所以保育员应将腐烂的水果扔掉，不能让婴幼儿食用。

50.×。保育员不戴隔离帽，头发很容易掉落，污染餐具或饭菜。所以保育员分发餐具之前一定要穿好隔离衣，戴好隔离帽。

51.×。中、大班的幼儿具备了一定的自理能力和为他人服务的意识，保育员可以指导值日生负责分发餐具。

52.×。幼儿分发餐具时，保育员应在一旁做好组织指导工作。

53.√。婴幼儿正处在生长发育最迅速的时期，如果长期吃汤泡饭不仅妨碍胃肠的消化吸收功能，而且会使咀嚼功能减退，不利于婴幼儿的身体健康。同时，经常吃汤泡饭容易让婴幼儿养成囫囵吞枣的不良进餐习惯。

54.×。鱼肉含有很高的营养价值，常吃鱼肉有利于婴幼儿的身体健康。在学前教育机构吃鱼时，保育员可以事先将鱼刺清理干净后再让婴幼儿食用。同时注意提醒婴幼儿注意安全。大一点的婴幼儿，保育员可以教给他们剔鱼刺的方法。

55. ×。为了让每个婴幼儿都能有足够的时间从容地吃好饭，也方便就餐后的清洁打扫，保育员可以先给吃饭速度慢的婴幼儿分发饭菜。

56. √。患病婴幼儿身体不适、食欲差，每次进餐的量可以适当减少，进餐的次数可以适当增加，即进餐时遵循少量多次的原则。

57. ×。为了避免婴幼儿撒饭，饭菜和汤不要盛得过满，通常盛到饭碗的 2/3 处即可。

58. ×。面食（馒头、包子、花卷等）应用公用夹子夹取放在餐盘中，不能直接放在桌子上。

59. ×。全面的营养来自于合理的膳食。如果婴幼儿获得的营养物质过多，会给身体增加不必要的负担，产生不适，如营养过剩导致的肥胖等。

60. √。食物的色、香、味、形直接影响宝宝的食欲。想让宝宝有良好的食欲，在制作婴幼儿食物时就要注意在食物的色、香、味、形等方面下工夫，以满足宝宝营养的需要和心理的需要。

61. √。食物形状的多样性可以为美味的食物起到锦上添花的作用。孩子普遍对有形的东西比较敏感。在制作食物时，我们可以利用工具加工出孩子们喜欢的各种几何图形或动物形状，以达到促进宝宝食欲的目的。

62. ×。食用色素不利于婴幼儿的身体健康，不提倡使用。可以利用食物的固有颜色进行巧妙的搭配，达到引起婴幼儿食欲的目的。

63. √。进餐时，大脑的主要工作是把血液集中到肠胃道，加强肠胃道氧和营养的供给，促进食物的消化和吸收。所以任何与进餐无关的事情都会影响婴幼儿的食欲，影响食物的消化和吸收，不利于婴幼儿的健康。

64. ×。纯净水是纯天然水经过十几道过滤层对水处理、提纯和净化后而得到的水。处理过程中，在除去水中的细菌、病毒、杂质的同时，也把其中对人体有益的微量元素和无机矿物质几乎全部滤掉了。长期饮用纯净水会造成体内微量元素丧失，从而引发疾病。所以长期单一饮用纯净水不利于婴幼儿的身体健康。

65. ×。不同年龄的婴幼儿每天所需要的饮水量是不同的。一般来说，婴幼儿新陈代谢旺盛，体表面积相对较大，水分蒸发多，所以需水量比成人高，而且年龄越小，需水量相对越大。

66. ×。在培养婴幼儿定时饮水习惯的同时，还要有意识地培养他们不定时饮水的习惯。因为气温、活动量大小、饮食结构、身体状况等因素都会影响婴幼儿对水的需求。所以当定时喝水不能很好地满足婴幼儿的需求时，保育员要及时提醒他们随渴随喝。

67. √。在培养婴幼儿定时饮水习惯的同时，还要有意识地培养他们不定时饮水的习惯。因为气温、活动量大小、饮食结构、身体状况等因素都会影响婴幼儿对水的需求。所以当定时喝水不能很好地满足婴幼儿的需求时，保育员要及时提醒他们随渴随喝。如天气炎热、活动量大时出汗较多，要及时补充水分；饮食过咸、过干也要及时补水；此外当身体患感冒、咳嗽、发热等疾病时更要让婴幼儿多饮水，将体内的废物和毒素排出去，否则就会因缺水而使病情加重。

68. √。吃饭时不要同时喝水。因为食物在嘴里混合唾液，经过牙齿的咀嚼，才能分解、消化进而吸收。如果吃饭时同时喝水，水会把食物带走，不但影响食物的消化吸收，还会影响婴幼儿的咀嚼能力。长期如此，不利于婴幼儿的身体健康。

69. ×。剧烈运动后婴幼儿的心脏会加速跳动，喝水会给心脏造成一定压力，容易导致供血不足，所以剧烈运动后一定不要马上饮水，更不能一口气喝大量的水。

70. ×。大量喝冰水容易引起胃黏膜血管收缩，影响消化、刺激胃肠，使胃肠的蠕动加快，甚至引起肠痉挛，导致腹痛、腹泻，对婴幼儿的身体健康十分有害。

71. ×。白开水是婴幼儿最好的饮料。果汁饮料中添加了许多不利于身体健康的成分，如糖精、色素、防腐剂等。经常饮用会对婴幼儿的身体健康造成一定的危害。可以让婴幼儿多吃新鲜的蔬菜水果补充维生素。

72. √。婴幼儿饮用水的硬度以碳酸钙含量为 50～200 mg/L 为宜。

73. √。纯净水是纯天然水经过十几道过滤层对水处理、提纯和净化后而得到的水。在处理过程中，除去水中的细菌、病毒、杂质的同时，也把其中对人体有益的微量元素和无机矿物质几乎全部滤掉了。长期饮用纯净水会造成体内微量元素丧失，从而引发疾病。所以长期单一饮用纯净水不利于婴幼儿的身体健康。

74. ×。婴幼儿经常喝饮水机里反复烧开的水不利于身体健康。水烧开后应立即将电源开关关闭。

75. ×。寒冷的冬季应给婴幼儿准备温热的豆浆。

76. √。饮用水中的有害物质包括重金属（汞、铅、镉、铬）、三氯甲烷、亚硝酸盐等。致病菌包括过滤性病毒、大肠杆菌等。如果长期饮用这样的水，会诱发疾病，危害婴幼儿的身体健康。

77. ×。学前教育机构用保温桶盛饮用水，保育员应先将保温桶内前一天的剩水倒掉，用清水清洗保温桶的内胆、外壁以及水龙头和出水口。清洗完毕后，将水质新鲜的开水倒入保温桶内，以备婴幼儿饮用。

78. ×。保育员需要特别注意，打开的桶装水尽量在一周内用完，否则水质就不新鲜了。如果婴幼儿长期喝不新鲜的水会影响身体健康。

79. ×。绿豆汤熬的时间不宜过长，绿豆一开花即可，这样熬出来的绿豆汤清热效果最好。

80. ×。制作豆浆的材料不仅限于黄豆，还可以根据条件适当添加黑豆、花生米、南瓜、芝麻、绿豆、红小豆等，这样制作出来的豆浆味道更鲜美，营养更丰富，深受婴幼儿的喜爱。

81. √。豆浆长时间放置容易变质，豆浆煮好后应让婴幼儿尽快饮用，不能隔夜存放。

82. ×。水是人体组织、体液的主要成分，在体内含量最高，约占体重的 60%～80%，幼儿期则约占体重的 80%，是维持人体正常活动的重要物质。在日常生活中，只有饮用足够的水，才能满足机体代谢的需要。

83. √。充足的饮水对保障婴幼儿的身体健康发挥着重要的作用。当婴幼儿患病出现发热、多汗或呕吐、腹泻等症状时，更应及时补充水分以防因失水而导致病情加重。

84. √。对于中、大班的幼儿，保育员可以组织他们独自接水、饮水。为防止拥挤而发生意外，保育员可以组织幼儿分组轮流接水、饮水。

85. ×。婴幼儿的饮水杯应专人专用，放置在固定的位置，不能混用。

86. √。日常生活中，人体可以通过饮水吸收一定的微量元素如锌、铁、铜、碘、钴、铬等。人体内的微量元素有一定适宜的浓度范围，高于或低于这一范围都会引发疾病。

87. ×。游戏中婴幼儿的手上会沾染大量的细菌，为了防止病从口入，饮水前保育员应组织婴幼儿洗手，保证清洁卫生。

88. ×。婴幼儿的需水量与自身的年龄、体重有关。同时也与活动量、气候、饮食密切相关。不同年龄的婴幼儿每天所需要的饮水量是不同的。一般来说，婴幼儿新陈代谢旺盛，体表面积相对较大，水分蒸发多，所以需水量比成人高，而且年龄越小，需水量相对越大。当然，婴幼儿的需水量也与气候、饮食、活动量大小有着密切的关系。在季节干燥、婴幼儿出汗多的情况下应适当加大饮水量，以保证机体的需要。

89. ×。盥洗时每一位婴幼儿应该有自己的专用毛巾。保育员应将毛巾定期清洗、消毒后悬挂在婴幼儿方便取放的位置。

90. √。让婴幼儿用流动水进行盥洗，能确保水质卫生，有利于婴幼儿的身体健康。

91. √。在盥洗过程中，婴幼儿可能会将水溅到地面上，保育员应及时清理地面上的水渍，以免婴幼儿滑倒造成身体的伤害。

92. ×。供应婴幼儿盥洗用的水龙头的高度应比婴幼儿的身高略低一些，这样能有效防止水倒流弄湿衣袖。

93. √。婴幼儿在排小便前通常会有一些特殊的表现，如坐立不安或打寒战等反应。

94. √。经常憋便，会使废物在体内存留时间过长，缺少水分而形成便秘，损害婴幼儿的身体健康。

95. ×。擦屁股的正确方法是将卫生纸对折，从前往后擦一遍，然后将卫生纸再对折，擦拭干净。

96. √。减少婴幼儿泌尿系统感染的最好方法就是保证婴幼儿充足的饮水。

97. √。有些婴幼儿因害怕保育员批评而不敢在幼儿园大便，久而久之容易形成心理性便秘。因此，保育员应注意自己的言行，当婴幼儿有排便要求时，应采取积极的态度而不是埋怨或斥责。

98. ×。在盥洗过程中，对于中、小班能力差的婴幼儿保育员应给予及时、适当的帮助。

99. ×。婴幼儿用完毛巾后应挂到固定的位置，一方面方便取放，做到专人专用，另一方面可以培养婴幼儿物归原处的习惯。

100. √。盥洗是婴幼儿在幼儿园一日生活中非常重要的一个环节。盥洗不仅可以使婴幼儿皮肤保持清洁、干爽，减少皮肤被汗液、灰尘、皮脂污染的机会，提高皮肤的抵抗力，维护身体健康，而且还可以培养婴幼儿养成讲卫生、爱清洁的良好习惯，提高婴幼儿的生活自理能力。

101. √。秋冬季节天气干燥，婴幼儿娇嫩的皮肤很容易皴裂，所以婴幼儿洗完手或脸之后，保育员要指导婴幼儿搽润肤油，以保持其皮肤湿润、清爽。

102. ×。教婴幼儿搽润肤油的具体操作方法：洗脸后，用右手食指蘸取适量润肤油分别涂抹在额头、鼻子、面颊两侧、下巴部位，用双手掌心轻轻涂抹均匀。然后再将润肤油抹于手背，两手手背对搓至均匀即可。

103. ×。厕所是大肠杆菌积聚最多的地方，大小便后不及时洗手，细菌、病毒就会乘虚而入，对身体健康造成危害。

104. √。指甲、头发等部位是最容易隐藏细菌的地方，如果不注意及时地清洁卫生，很容易引发疾病，所以应注意培养婴幼儿养成勤剪指甲、勤理发、勤换衣的习惯，减少疾病隐患。

105. √。夏季天气炎热，皮肤暴露多、出汗多，机体代谢旺盛，应保证婴幼儿天天洗澡、洗头，这样能及时清除皮肤上的细菌和污垢，有效防止病菌的侵入，保持皮肤清爽，避免生痱。

106. √。婴幼儿有很强的可塑性。保育员可以针对他们在盥洗过程中出现的问题或不良的习惯给予及时纠正，并用正确的行为目标进行强化。例如针对婴幼儿在盥洗过程中出现的嬉戏、打闹、拥挤、玩耍等情况，保育员应通过适当的语言、表情或动作给以暗示。

107. ×。婴幼儿盥洗过程中，保育员不能离开盥洗室，应做到全面照顾、及时监督、仔细检查。发现问题，及时处理。

108. √。婴幼儿在排小便前会出现坐立不安、打寒战等反应；排大便前常会放屁，同时眼神发直，伴有身体用力的动作或发出使劲的声音。保育员应了解婴幼儿的这些常见反应，注意观察并及时处理。

109. ×。很多婴幼儿在游戏时常常会因为兴奋而忘记排尿甚至出现为不中断游戏而有意识憋尿的情况。这种做法对身体健康是极为不利的。因为尿液在膀胱内停留时间过长，尿液中的有毒物质会被肾小管吸收，不仅增加肾脏的负担，而且容易使细菌繁殖，发生尿路感染。此外，婴幼儿憋尿还会造成注意力分散、情绪紧张、坐立不安等现象。长此以往会影响婴幼儿正常的学习和活动。所以，在游戏之前和结束时，保育员应及时提醒婴幼儿如厕，养成有尿就排的好习惯。

110. √。婴幼儿排尿的指导与训练就是让婴幼儿在有了尿意的情况下，能够自主控制并将尿液排在便盆或厕所里。做到这一点，需要长时间的反复练习。不同年龄阶段训练的方式和要求是不同的。

111. ×。保育员发出“嘘嘘”或其他固定的声音不是逗乐，而是给婴儿以暗示，经过一段时间的训练，让婴儿将此声音与排尿建立信号联系。

112. ×。一岁以内的婴幼儿白天尽量不用尿布或尿不湿，养成把尿的习惯。这样既可以预防尿布疹，又可以尽早建立排尿的条件反射。

113. √。在日常生活中，人们见有小儿便秘都认为是饮食不当造成的，其实，大多数小儿便秘是由心理因素造成的。

114. ×。排便时间过长，容易导致肛门脱垂；时间过短，有可能排不净，使废物堆积在体内形成宿便，危害身体健康。所以排便时间要适宜，一般控制在 5 min 左右。

115. ×。通常情况下，婴幼儿的年龄越小，需要的睡眠时间越长。

116. √。上床睡觉前，保育员应提醒婴幼儿小便，以防因中间起床小便影响睡眠质量或因睡得太沉出现尿床现象。

117. ×。秋冬季节，在婴幼儿睡眠过程中应关闭门窗。为保持室内空气流通、新鲜，保育员可在婴幼儿上床前或起床后打开门窗通风。

118. ×。寝室的光线不要太强。婴幼儿睡觉时不要开灯。保育员可以将窗帘拉上，使寝室内光线幽暗，营造良好的睡眠气氛，有利于提高婴幼儿的睡眠质量。

119. ×。秋冬季节午睡时，应让婴幼儿脱掉外衣，否则起床后会因受凉而感冒。

120. ×。婴幼儿起床后，保育员应先照顾婴幼儿穿衣、小便、喝水；然后将每个婴幼儿的被子翻转过来晾一晾，将窗帘拉开，打开窗户通风；最后将被子叠好，统一摆放整齐。

121. √。被褥用久了，会因为人体散发的热气而变得潮湿，影响保暖的效果。经常将被褥在太阳下晾晒，可以使被褥里的棉花变得松软而富有弹性，睡觉时就会感到柔软、舒适、暖和。同时，潮湿的被褥容易滋生细菌，而太阳中的紫外线具有很强的杀菌作用，3～6 h 就会将附着在被褥上的细菌病原体全部杀死，所以晾晒被褥是最简单可行的预防疾病的有效措施。最后，被褥经太阳光的照射后会有一种淡淡的太阳晒后的香味，对提高睡眠质量有一定的促进作用。

122. ×。不要将枕头放在被子下面。因为枕头、枕巾会因为婴幼儿在睡觉时出汗而变得潮湿，所以保育员应注意保持枕头、枕巾的干爽。

123. √。睡眠对保证婴幼儿的身体健康发展有着重要的作用。它不仅能消除婴幼儿的疲劳，使机体各部分得到适当的休息和调整，而且在睡眠中人体脑垂体可以大量分泌生长素，以促进婴幼儿身体的生长和大脑皮层的发育。因此，保证婴幼儿充足的、高质量的睡眠对其身心的健康成长具有重要的意义。

124. ×。保证婴幼儿的睡眠包括两方面的含义：一是要保证充足的睡眠时间。通常情况下，婴幼儿的年龄越小，需要的睡眠时间就越长。二是要保证婴幼儿的睡眠质量。高质量的睡眠可以使婴幼儿头脑清醒，精力充沛，全身没有疲倦感和无力感，从而保障婴幼儿身心的健康发展。

125. ×。充足的睡眠时间和良好的睡眠质量是保证婴幼儿身心健康的两大因素，二者缺一不可。

126. ×。午睡能够保障婴幼儿充沛的精力，各个年龄阶段的婴幼儿都应该睡午觉。六岁宝宝的午睡时间为一个半小时左右即可。

127. ×。随着身体的生长发育，婴幼儿的随意性动作也在不断地发展。如果婴幼儿不慎将枕头、被褥或衣服上的线头缠绕在手指上，就会使血液流通不畅，甚至会造成指头坏死。所以，在组织婴幼儿睡眠时，保育员一定要注意检查床铺和衣服上是否有裸露的长线头，排除安全隐患。

128. √。婴幼儿睡觉时寝室的光线不要太强，不要开灯。保育员可以将窗帘拉上，使寝室内光线幽暗，营造良好的睡眠气氛，有利于提高婴幼儿的睡眠质量。

129. ×。保育员组织睡眠时可以根据婴幼儿的个体差异，按小组分批入睡或起床。对于需要睡觉时间较长，脱衣动作较慢的婴幼儿或年龄较小、体质较弱的婴幼儿，保育员应组织他们提前入睡。对于不喜欢睡觉或睡眠时间相对较短的婴幼儿或上床后喜欢与别人打闹，不能及时入睡的婴幼儿，保育员可以组织他们晚一会儿上床，同时可以把他们的床铺安排在靠近寝室门口的地方或靠近保育员视线的位置，这样可以避免影响其他婴幼儿，便于保育员的组织管理。

130. ×。婴幼儿睡眠过程中，保育员应加强巡视，发现问题及时处理。

131. √。对于经常尿床的婴幼儿，保育员应给予特别的关注。入睡前要提醒小便，入睡后，保育员要经常过去摸一摸其被褥，如有尿床，应及时给予更换。同时保育员要注意观察，掌握其排尿规律，在睡眠中及时叫醒排尿。

132.×。在寒冷季节，为避免婴幼儿着凉，保育员应指导婴幼儿先穿上衣，再穿袜子、裤子、鞋。脱衣服时应该最后脱上衣。

133.×。保育员应指导婴幼儿将脱下的衣服整齐地叠放在床的一角，或者将衣服搭放在床的围栏上。鞋子脱下后整齐地摆放在床下并将袜子放在鞋子里。

134.√。经过一夜的睡眠或午睡后，婴幼儿的身体会出很多汗，被子比较潮湿，如果起床后马上叠被子，被子里的湿气无法散出，不仅影响婴幼儿下次睡眠的舒适度，而且容易滋生细菌，给病原体创造了生存的环境，危害婴幼儿的身体健康。所以起床后，不要立即将被子叠放整齐，而应该先晾被。

135.√。每一件公共物品都应该分类登记造册，以便定时清点管理，所以这个题目的论述是正确的。

136.√。为了卫生和使用方便，在可能的情况下，婴幼儿的个人物品及其他学具的物品应尽可能都加上标志，专人专用。

137.√。学前教育机构中教具、学具、图书等物品名目繁多，要分类摆放，并贴好标识，以便管理和使用。

138.√。让婴幼儿自觉远离危险物品，是教婴幼儿学会自我保护、远离危险的根本措施，值得提倡。

二、单项选择题

1.B。按常规的标准，体重超过按身高计算的标准体重20%以上就属于肥胖。

2.B。按常规的标准，婴幼儿身高比相应年龄组人群按年龄的身高均值低两个标准差以下属于身材矮小（又称侏儒）。

3.A。按常规的标准，婴幼儿的体重比相应年龄组人群按年龄的体重均值数低两个标准差以下属于低体重。

4.C。按常规的标准，体重超过按身高计算的标准体重30%～50%属于重度肥胖。

5.C。晨检工作不仅保健医生要做，保育员和教师也要做，而且要每天认真做，所以A项、B项、D项是错误的。只有C项是正确的，也就是说晨检可以根据传染病的发病季节，有侧重地检查，如春季是腮腺炎、手足口病等传染病的高发季节，要有侧重地检查婴幼儿是否存在这些传染病的早期特征，以便尽早隔离处理。

6.A。对请假不来学前教育机构的婴幼儿，保育员和教师也要对他们进行考勤和健康情况登记。如果婴幼儿请假时间长，到公共场所多，或者感染过传染性疾病，必须确保婴幼儿健康并脱离传染期后方可来园，以免造成大面积交叉感染。

7.B。学前教育机构工作人员体检要求每一年进行一次就可以了。

8.C。婴幼儿着装最重要的当然是安全，安全是第一位的。

9. C。加盖防蝇罩既可以很好地防止蚊虫污染饭菜，又可以散热。

10. D。中、大班的幼儿具有一定的自我服务能力和为他人服务的意识。

11. B。手拿筷子较粗的一端可以有效防止进口的一端受到污染。

12. C。大班的幼儿手部小肌肉的动作更加灵活了，具备了使用筷子的生理条件。

13. C。先分碗，将勺或筷子放在碗或餐盘上，可以有效防止勺或筷子受到污染。

14. D。时间过早容易增加受污染的机会，时间过晚影响婴幼儿进餐。通常应餐前20～30 min开始分发餐具。

15. A。饭菜盛得过满容易撒出，通常盛到碗的2/3处即可。

16. C。添加饭菜时，保育员应从婴幼儿的侧面递送，不过婴幼儿的头部。

17. A。膳食中动物性蛋白质的比例应是1∶2，若摄入过多的动物性蛋白质容易导致婴幼儿肥胖。

18. B。膳食中蛋白质的摄入量应占总能量的10%～15%，蛋白质摄入过多或过少都不利于婴幼儿的身体健康。

19. D。人造肉属于植物性食品。

20. C。一岁左右的婴幼儿没有饱足感，容易出现吃撑、吃胀的现象。

21. B。两三岁的婴幼儿活动范围逐渐增大，注意力更多地集中在对周围事物的探索和游戏中，由此导致食欲有所下降，表现出食欲时好时坏、不稳定的特点。由于注意力的转移，很多婴幼儿会出现挑食、偏食、厌食等问题。

22. B。一般食物在胃里的排空时间是4～6 h。婴幼儿的胃容量较小，胃的排空时间相对较短，大约是4 h。因此，为婴幼儿安排进食时间通常是间隔4 h左右。

23. A。早餐吃好可以为大脑提供足够的营养，午餐吃饱可以保证机体的正常运转，晚餐吃少有利于身体健康。

24. B。保育员应将取回的饭菜放置在婴幼儿的活动区域之外，并提醒婴幼儿远离盛饭菜的容器，以免烫伤。

25. B。为了保持清洁卫生，保障婴幼儿的身体健康，减缓饭菜散热的棉布垫通常两周拆洗一次即可。

26. A。炎热的夏季，蚊虫很容易传播细菌和病毒，为了保证饭菜卫生，保障婴幼儿的身体健康，防蝇罩至少应一周清洗消毒一次。

27. A。婴儿班或小班的幼儿手比较小，手部的抓握能力相对较差，应该使用最小型号的餐具。

28. D。用筷子吃饭对于促进幼儿的身心发展发挥着重要的作用。首先，使用筷子的过程可以很好地训练幼儿的拇指和其余四指对立抓握的能力，使他们的手部小肌肉群得到很好地锻炼，有助于发展幼儿手部的精细动作。其次，使用筷子还可以锻炼幼儿手眼协调的能力，眼和手的联合协调运动可以为幼儿今后掌握更复杂的动作奠定良好的基础。最后，使用筷子夹取食物的动作能刺激脑细胞，有助于幼儿大脑的发育。幼儿期是脑发育的关键期，所以当孩子两三岁以后，在进餐时已不满足于用勺子，而是喜欢模仿成人吃饭的样子时，家长就可以因势利导，教孩子正确使用筷子的方法，让孩子学习用筷子进餐。这样既可以满足幼儿的心理需求，又可以使他们的肢体得到相应的锻炼。

29. C。营养专家们指出，婴幼儿最好的饮料就是白开水。因为，白开水最容易解渴，进入体内后，能迅速进行新陈代谢，特别是凉白开水，能消除疲劳，提高机体抵抗疾病的能力。所以，从小培养婴幼儿养成喝白开水的习惯，有利于婴幼儿的身体健康。

30. B。打开的桶装水尽量在一周内用完，否则水质就不新鲜了。婴幼儿长期饮用不新鲜的水会影响身体健康。

31. B。为保证婴幼儿饮用新鲜卫生的饮用水，保育员应定期对饮水机、保温桶、婴幼儿的水杯进行清洗消毒，以防细菌、病毒入侵。清洗消毒的时间一般以一周一次为宜。

32. B。保育员应要求婴幼儿一手握杯柄，一手扶杯小口喝水。

33. C。在学前教育机构，婴幼儿一天喝水大体可以分为 6 个时间段：9：30 第一次教育活动之后；10：15 做操后；10：45 第二次教育活动之后；2：30 午睡起床后；3：30 下午游戏后；4：30 户外活动后。

34. B。板蓝根水能起到预防病毒性感冒或流行性感冒的作用。

35. B。饮用饮水机里的水时，保育员应帮助婴幼儿养成先接凉水再接热水的习惯，这样可以有效避免烫伤婴幼儿。

36. D。水的 pH 值（酸碱度）约为 7.20～7.40，呈弱碱性，与人体体液的 pH 值相似。这样的水具有较强的溶解力、扩散力、乳化力和代谢力，可以加速人体的物质代谢，从而增强婴幼儿的体质，提高免疫力。

37. D。在夏季为了加快保温桶内的水散热，保育员可以尽早打水或采用将保温桶放置在阴凉处，把桶盖打开的方式加快桶内热水散热。打开保温桶盖后应及时加盖防蝇罩，以免饮用水受到污染。

38. C。通常饮水机或保温桶应放置在婴幼儿的活动区域之外，以免发生危险。

39. D。水是人体组织、体液的主要成分，在体内含量最高，约占体重的 60%～80%，婴幼儿期则约占体重的 80%，是维持人体正常活动的重要物质。在日常生活中，只有饮用足够的水，才能满足机体代谢的需要。

40. C。三岁婴幼儿每天每公斤体重需水量大约是 110～120 mL，一个体重为 15 kg 的三岁男孩，其一天的总需水量大约是 1 650～1 800 mL。

41.D。对于便秘的婴幼儿，保育员要给予更多的关注，鼓励婴幼儿定时排便，注意在饮食上进行调理。并及时与家长联系沟通，密切配合，加强训练，逐步使婴幼儿养成及时排便的习惯。

42.C。1～2岁的婴幼儿，膀胱的储尿能力和括约肌的收缩能力都有所增强，是训练排尿的最佳时期。

43.B。排便时间过长，容易导致肛门脱垂；时间过短，有可能排不净，使废物堆积在体内形成宿便，危害身体健康。所以排便时间要适宜，一般控制在5 min左右。

44.D。便秘是婴幼儿时期常见的一种现象。引起便秘的原因很多，如饮食不当、饮水量少、不良的排便习惯等。

45.D。改善婴幼儿便秘的状况，除了在饮食、饮水等方面注意外，保育员还应引导婴幼儿养成每天定点排便的习惯，这样可以及时地将身体内的垃圾排出，有效防止便秘，有利于身体健康。

46.D。婴幼儿在学前教育机构的一日生活中，饭前便后、户外活动结束后等情况下都要及时洗手，以保持卫生清洁，所以洗手是学前教育机构盥洗环节中非常重要的一项内容。

47.A。小班婴幼儿的动作协调能力差，需要保育员帮助涂搽润肤油。

48.B。洗澡、洗头是对身体进行全面的“大扫除”，使皮肤和头发保持清洁、干爽。秋冬季节，天气寒冷，为保持清洁，通常一周清洗一次。

49.D。培养婴幼儿良好的盥洗习惯，保育员在进行正确的教育引导的同时还需要给婴幼儿创设良好的盥洗环境和氛围，充分发挥环境育人的潜在作用。例如洗手是学前教育机构盥洗环节中的一个非常重要的内容，也是一日生活中必不可少的工作。为了更好地让婴幼儿掌握正确的洗手方法，保育员可以在盥洗室的墙壁上张贴洗手步骤示意图，组织婴幼儿边洗手边念唱洗手儿歌：“小朋友来洗手，卷起袖淋湿手，抹上肥皂搓呀搓，清清水里洗呀洗，再用毛巾擦一擦，我的小手真干净。”让婴幼儿在轻松愉悦的氛围中体验洗手的乐趣。

50.D。好模仿是婴幼儿学习的一个特点，而教师和同伴是婴幼儿主要的模仿对象。日常生活中，教师要注意规范自己的言行，身体力行，做好表率，用自己良好的盥洗习惯影响并带动婴幼儿，真正发挥榜样的作用。文学作品中的典型同样能够发挥榜样的作用，使婴幼儿在榜样的感染下，自觉养成良好的卫生习惯。

51.D。排便是一种条件反射，需要婴幼儿专心。排便时不做与之无关的事情。如果婴幼儿在排便时看书、吃东西或玩耍，会分散注意力，不利于条件反射的形成。而且长时间的排便会造成婴幼儿肛门脱出，腿部和臀部疲劳麻木，不利于婴幼儿的身体健康。

52.B。心理性便秘容易发生于2～3岁的幼儿，因为这一年龄的孩子已慢慢懂事，同时也逐渐产生了一定的自制能力，当孩子大便时有不适或疼痛感时，尤其是偶尔排便困难时，会不由自主地就产生了对排便的恐惧感，还有的家长过分讲究卫生，有“洁癖”，经常对孩子讲述大便最脏，孩子排便时一旦弄脏了裤子或地面就会受到家长严厉的训斥，使孩子幼小的心灵对大便产生了“厌恶感”。有的孩子晚上大便时，厕所无灯或无人陪伴时，会产生恐惧和孤独感，欲解大便也不愿意上厕所，而是还硬憋着，时间久了，就会导致孩子的便秘。

53. C。纸片不会危及婴幼儿的安全，所以不属于危险物品。

54. C。睡眠前应组织婴幼儿开展一些相对安静的活动。跳绳属于剧烈运动，所以不适合安排在睡眠前进行。

55. D。组织婴幼儿睡眠前，保育员要做好相应的准备工作。如安抚婴幼儿的情绪、提醒婴幼儿排尿、检查婴幼儿的口袋，防止把危险物品带上床等，以确保婴幼儿的睡眠安全和睡眠质量。

56. B。冬天，室内的温度通常控制在20～24℃。

57. A。冬天，室内空气干燥，可以使用加湿器或放一盆水来增加寝室湿度。通常湿度标准在40%～60%为宜。

58. C。室内外温差过大，容易导致婴幼儿伤风感冒。所以使用空调降温时温度设置与室外温度相差不要超过5℃。

59. A。夏季天气炎热，为保证婴幼儿的睡眠质量，可采用空调或电风扇等电器降温，但温度不要设置过低，室内温度一般控制在25～27℃为宜。

60. D。对于经常尿床的婴幼儿，保育员应给予特别的关注。入睡前要提醒小便，入睡后，保育员要经常过去摸一摸其被褥，如有尿床，应及时给予更换。同时保育员要注意观察，掌握其排尿规律，在睡眠中及时叫醒排尿。

61. B。被褥每次晾晒的时间应在3 h以上，以保证被褥的干爽，真正起到杀菌消毒的作用。

62. C。上午10点到下午3点是一天中阳光最充足、紫外线最强的时间段，杀菌消毒的效果最好。

63. B。保育员应每周将婴幼儿的被褥和枕头在太阳下晾晒一次，保持被褥和枕头的干爽，以有助于婴幼儿的身体健康。

64. C。3岁宝宝白天小睡1～3 h，夜晚睡眠约10.5～12.5 h，平均每日总睡眠量为11～14 h。

65. D。对于不喜欢睡觉或睡眠时间相对较短的婴幼儿或上床后喜欢与别人打闹，不能及时入睡的婴幼儿，保育员可以组织他们晚一会儿上床，同时可以把他们的床铺安排在靠近寝室门口的地方或靠近保育员视线的位置，这样可以避免影响其他婴幼儿，便于保育员的组织管理。

66. C。脱衣服的顺序：鞋——袜子——裤子——上衣。

67. A。穿衣服的顺序：袜子——裤子——鞋——上衣。

68. B。保育员叠被通常需要 4 个步骤：晾被——叠两边——叠成豆腐块——整理床单和枕巾。

69. D。登记入册、摆放整齐、定期清点是管理物品的方法。但要想避免设备的安全隐患最重要的办法是加强保养，及时对损坏设备进行维修或者更换。

70. C。只有含氯消毒液具有比较强的腐蚀性，杀虫剂、灭火剂在浓度过高时对人的上呼吸道可造成严重刺激。消毒灯光只对人有辐射，但没有腐蚀性。

三、多项选择题

1. ACD。婴幼儿的生长发育是有阶段性和程序性的连续过程，由于遗传基因及环境条件的差异使得婴幼儿的生长发育具有一定的个体差异性。所以 A 项、C 项、D 项是正确的答案。

2. BCD。身长（身高）、体重及头围这三项指标不仅测试方便，而且能为准确评价婴幼儿生长发育水平提供重要信息。皮下脂肪不容易测定，只是参考指标。

3. ABCD。体格生长偏离是婴幼儿生理的异常发育，主要包括低体重、消瘦、肥胖和身材矮小，所有 A 项、B 项、C 项、D 项都是正确的。

4. ABCD。导致婴幼儿体格生长偏离的原因是复杂的，包括遗传因素、营养因素、疾病因素、体质因素、心理因素等。

5. ABCD。婴幼儿身体器官功能和生理机能都不够完善，所以容易出现选项中所述四种疾病。

6. AD。心理健康是人的内心世界与客观环境的平衡，是自我与他人的平衡。这种平衡状态会使人处于正常的工作和生活状态下。因身体、环境不适或者欲求不满而出现偶尔的不开心是正常的，也是不可避免的。只要时间不长，并能自我调节恢复至正常，就不会影响正常的心理健康。没有理由的喜怒无常也是不健康的。

7. ACD。健康检查制度就是以确保婴幼儿的健康为目的，就是对可能出现的异常情况做到早发现、早处理、早治疗。

8. ABC。重新体检是为了确定婴幼儿没有感染传染性疾病，避免在人群聚集的学前教育机构出现交叉感染。A 项、B 项、C 项三种情况可能感染传染病的机会多，所以需要重新体检。

9. AB。学前教育机构要定期对婴幼儿进行身体检查，一般来说，每季度为婴幼儿测身高、体重、视力一次，每年对婴幼儿进行全面检查一次。

10. ABCD。定期体检的目的是为了对婴幼儿的身体情况进行监测，所以做好体检记录，对所测数据进行健康分析、评价、疾病统计，为每名婴幼儿建立健康卡片或档案是必要的。

11. ABCD。对体检结果要进行恰当的处理才能保证婴幼儿尽可能健康地成长。选项中的四个处理方法都是必要的。

12. ABCD。晨检工作通过摸、看、问、查四种方式了解婴幼儿的身体状态。

13. ABCDE。选项中的五种情况均属于晨检工作的主要内容。

14. ACD。患有乙肝表面抗原阳性、结核病、精神病、肢体残缺者做炊事员是不合适的，一些传染性病菌容易通过食物传染给全园婴幼儿。

15. BCD。一发现有婴幼儿身体不适就隔离是不对的，要观察有可能是传染病后才需要隔离和采取进一步的消毒措施。

16. ABD。家庭情况登记表是新生入园前需要做的。每天晨、午、晚检之后做的登记表簿有出勤登记表、疾病登记表、传染病登记表、用药情况登记表，以便每天掌握婴幼儿的身体情况。

17. BCD。服装的大小宽松适度，面料柔软、吸湿透气、款式简单是婴幼儿着装安全、舒适、方便的要求，是正确的。当然漂亮也是应该的，但如果存在安全隐患就不可取了。后面三个选项中，肥大的裤脚和彩色的鞋带很容易让婴幼儿摔倒，衣服帽子上的长带子和毛球很容易让孩子在玩耍中挂在某一个地方，都存在安全隐患。

18. ABCD。危害婴幼儿安全的小物品主要有三个来源：家、户外、幼儿园。所以四个选项都正确。

19. ABC。春夏季节饭菜取回后，保育员可以用饭勺来回搅拌饭菜以加快散热，也可以将饭菜放在风扇下或通风好的地方自然散热降温。

20. ABD。加盖防蝇罩起不到饭菜保温的作用。

21. ABCD。这四项准备工作缺一不可。

22. BD。A 项和 C 项的做法对污染处理得不彻底。

23. ABCD。均衡的食物搭配要注意主副搭配、粗细结合、荤素搭配、干稀搭配，以确保婴幼儿获得充足的营养。

24. ABCD。这四种食物是动物性食物中营养价值最高的。

25. AD。牛奶和鸡蛋属于动物性食物。

26. ABCD。根据婴幼儿年龄特点制定。

27. ABC。四岁左右的婴幼儿食欲基本稳定，一般不会出现吃撑、吃胀的情况。

28. ABC。外界事物的干扰和刺激是造成这个年龄段婴幼儿食欲不稳定的主要原因。

29. ABCD。因为婴幼儿进餐常受食物条件反射作用的影响，所以定时进餐不仅可以引起婴幼儿的食欲，从而获得足够的营养素和热量，满足其身体需求，而且有利于婴幼儿形成进餐规律，养成良好的进餐习惯。

30. ABCD。导致婴幼儿挑食、偏食的因素很多，其中饮食没有规律、疾病、吃大量零食、消化不良都是导致挑食、偏食的主要原因。

31. ABCD。纠正婴幼儿挑食或偏食的方法很多，提高食欲、三餐定时定量、营造良好的进餐氛围、提供独立进餐的机会等都是不错的办法。

32. AB。捡拾掉在桌上或地上的饭粒是不卫生的进餐习惯，好吃的占为己有是不文明的进餐习惯。

33. BC。为了安抚婴幼儿的情绪，开饭前应进行一些相对安静的活动，如看书、讲故事；而拍球和跳绳属于剧烈运动，不适合在饭前进行。

34. ABC。为婴幼儿均等地分好饭菜后，保育员应做好剩余饭菜的保温工作。及时将容器盖盖好，或将棉布垫围好，或将盛饭菜的容器靠近暖气放置，以保证饭量大的婴幼儿在二次取饭时仍能吃上温热的饭菜。

35. AC。给婴幼儿生吃的蔬菜瓜果，保育员一定要做好清洗工作，可以先用果蔬剂将蔬菜瓜果浸泡 10 min 左右，然后用流动水反复冲洗，将其表面的残留农药清洗干净后再让婴幼儿食用，以免因食用不洁食物引起胃肠道疾病。

36. BC。随着年龄的增长和心理的逐渐成熟，中、大班的幼儿已经具备了一定的自我服务能力和为他人服务的意识。为满足幼儿的心理需求，保育员可以结合幼儿园教育教学的内容和要求，指导中、大班幼儿自主分发餐具。保育员可将全班幼儿分成几个小组，每天安排值日生负责一日三餐的餐具分发和卫生扫除。

37. AD。保育员在分发餐具时应注意将碗摆放在正对椅子的桌面上，盘子放在碗的前面，即盘和碗要前后放置；为避免污染，勺子或筷子不要直接放在桌子上，而应该放在盘子上。

38. ABCD。在分发餐具的过程中，通过实际操作，可以让幼儿进一步明确数的概念、一一对应等知识，不仅使教育教学的内容在日常生活中自然地得到巩固和延伸，而且也锻炼了幼儿的自理能力，培养了幼儿为他人服务的精神。

39. BD。生病的宝宝在饮食上一定要注意清淡，易于消化。炸馒头片和炒米饭属于油炸和热炒的食物，容易引起上火，所以生病期间最好不要吃这样的东西，以免加重病情。

40. ABD。对于过敏体质的婴幼儿来说，牛奶、鸡蛋、海产品都是容易引起过敏的食品。

41. ABCD。全面的营养来自于合理的膳食。对于处在生长发育最迅速、最关键时期的婴幼儿来说，营养无疑是满足他们机体发育的最重要的物质基础。婴幼儿每天需要从膳食中摄取足够的营养物质。如果婴幼儿获得的营养物质缺乏，就会出现体重过轻、免疫力下降、生长发育迟缓等症状，严重的甚至会影响其智力的发展。

42. ABCD。不同的食物所含的营养成分不同。为了保证婴幼儿的营养供给，促进婴幼儿的健康成长，在配制膳食时应注意多样化、合理化、科学化，做到平衡膳食，营养全面。

43. BD。暴饮暴食和吃零食过多这两种行为都属于不良的进餐行为，有损于婴幼儿的身体健康。

44. AC。虾皮和牛奶含钙量相对较高一些。

45. AD。炎热的夏季，在早操后和午睡起床后让婴幼儿饮用绿豆汤或酸梅汤，可以起到防暑降温的作用。

46. AC。制作绿豆汤时，绿豆和水的比例超过 1∶10，熬的时间不宜过长，绿豆一开花即可，这样熬出的绿豆汤清热效果最好。

47. ABCD。饮水与婴幼儿健康关系密切。因为婴幼儿时期是其生理和心理迅速发育的时期，抵抗疾病的能力较弱，容易受到外界病原体的侵入而致病。而充足的饮水不仅能使咽喉部保持清洁和湿润，保持大便通畅，而且能保证机体新陈代谢的正常进行，提高机体抵抗疾病的能力，从而减少疾病的发生。

48. ABD。婴幼儿的需水量除了与年龄、体重有关，还与气候、饮食、活动量的大小有着密切的关系。

49. ABCD。在炎热季节，大量出汗后或吃得太咸、患病期间等情况下，都应及时给婴幼儿补充足够的水分。

50. BCD。培养婴幼儿自己补充水分的习惯，不仅可以让婴幼儿知道自我满足需求，及时补充水分，而且有利于培养婴幼儿独立做事的能力。

51. ABCD。水在人体内所占的比例是很大的。尤其是婴幼儿，年龄越小，新陈代谢越旺盛，身体所需的水分就越多。营养专家们指出，婴幼儿最好的饮料就是白开水。因为，白开水最容易解渴，进入体内后，能迅速进行新陈代谢，特别是凉白开水，能消除疲劳，提高机体抵抗疾病的能力。所以，从小培养婴幼儿养成喝白开水的习惯，有利于婴幼儿的身体健康。

52. ABCD。判断水质的好坏，主要从颜色、清澈度、气味和口感几个方面来考察。通常情况下，无色、清亮、口感清纯的饮用水的水质较好；反之则水质较差。

53. BCD。水的 pH 值（酸碱度）约为 7.20～7.40，呈弱碱性，与人体体液的 pH 值相似。这样的水具有较强的溶解力、扩散力、乳化力和代谢力，可以加速人体的物质代谢，从而增强婴幼儿的体质，提高免疫力。

54. ABCD。盛饮用水的保温桶应每天用清水进行清洗。清洗时需要特别注意对保温桶的内胆、外壁、水龙头和出水口进行消毒清洗。

55. ABCD。保育员应该根据婴幼儿的人数、活动量、饮食和天气情况准备温度适宜、数量充足的饮用水，确保婴幼儿冬季饮用温水，夏季饮用凉开水。

56. BD。吃饭时不要同时喝水。因为食物在嘴里混合唾液，经过牙齿的咀嚼，才能分解、消化进而吸收。如果吃饭时同时喝水，水会把食物带走，不但影响食物的消化吸收，还会影响婴幼儿的咀嚼能力。长期如此，不利于婴幼儿的身体健康。大量喝冰水容易引起胃黏膜血管收缩，影响消化、刺激胃肠，使胃肠的蠕动加快，甚至引起肠痉挛，导致腹痛、腹泻，对婴幼儿的身体健康十分有害。

57. BC。铁元素摄入过多会出现智力发展缓慢、肝硬变的症状；摄入过少则会导致缺铁性贫血、龋齿。

58. BC。中、大班的幼儿手眼的协调性和灵活性有很大提高，具备了初步的自我服务意识和能力，保育员可以组织他们独自接水、饮水。

59. ABCD。婴幼儿盥洗的主要内容包括洗手、洗脸、刷牙、漱口、洗头、洗脚、洗屁股、洗澡等。

60. ABCD。盥洗是婴幼儿在学前教育机构一日生活中非常重要的一个环节。盥洗不仅可以使婴幼儿皮肤保持清洁、干爽，减少皮肤被汗液、灰尘、皮脂污染的机会，提高皮肤的抵抗力，维护身体健康，而且还可以培养婴幼儿养成讲卫生、爱清洁的良好习惯，提高婴幼儿的生活自理能力。

61. ABCD。针对婴幼儿在盥洗过程中出现的嬉戏、打闹、拥挤、玩耍等情况，保育员应通过适当的语言、表情或动作给予暗示。同时要给婴幼儿讲解擦肥皂的动作要领，帮助婴幼儿养成毛巾专人专用，悬挂在固定位置的良好习惯。

62. ABCD。保育员应教育婴幼儿养成饭前便后、户外活动结束后、从医院出来、打喷嚏或咳嗽后都要洗手的卫生习惯。此外，保育员还应帮助婴幼儿养成手脏了就洗的好习惯。

63. ABCD。婴幼儿每天用温水泡脚可以加速血液循环，不仅能减轻身体的疲劳，有助于睡眠，而且还可以预防感冒。

64. ABCD。多样的教育形式、安全的盥洗环境、行为强化和榜样作用都是培养婴幼儿良好盥洗习惯的适宜方法。

65. ABCD。婴幼儿在排大便之前通常会有一些身体的反应，如放屁、眼神发直并伴有身体用力的动作或发出使劲的声音，等等。保育员可以据此做出判断并进行相应的处理。

66. ABCD。尿液在膀胱内停留时间过长，尿液中的有毒物质会被肾小管吸收，不仅增加肾脏的负担，而且容易使细菌繁殖，发生尿路感染。此外，婴幼儿憋尿还会造成注意力分散、情绪紧张、坐立不安等现象。长此以往会影响婴幼儿正常的学习和活动。所以，在游戏之前和结束时，保育员应及时提醒婴幼儿如厕，养成有尿就排的好习惯。

67. BCD。婴幼儿盥洗时容易将水溅到地面上，人多拥挤会发生意外。所以盥洗时为防止发生意外，保育员可以采取分组、轮流或个别盥洗的方式组织。

68. ABCD。对于年龄较小、自理能力较差的婴幼儿，保育员可以在一旁协助，如洗手时帮助婴幼儿挽袖口、擦肥皂或洗手液，洗完后协助婴幼儿用毛巾擦干、搽润肤油等。

69. ABCD。培养婴幼儿养成早晚刷牙、饭后漱口的习惯，可以及时地将口腔内的食物残渣清除掉，避免因食物残渣在口腔内存留时间过长而引发牙患。刷牙、漱口可以有效预防龋齿，保护婴幼儿牙齿健康。

70. CD。培养婴幼儿良好的盥洗习惯，保育员不要一味地说教，而是要从兴趣出发，根据婴幼儿的年龄和心理特点，采取生动有趣的活动形式进行教育引导，通过文学作品、情境表演等形式，使抽象的道理形象化、生动化，便于婴幼儿理解接受。好模仿是婴幼儿学习的一个特点，而教师和同伴是婴幼儿主要的模仿对象。日常生活中，教师要注意规范自己的言行，身体力行，做好表率，用自己良好的盥洗习惯影响带动婴幼儿，真正发挥榜样的作用。同时注意在婴幼儿中树立良好的典型，以此鼓励、激发婴幼儿去模仿学习。

71. ABCD。托班、小班婴幼儿年龄小，自我服务的能力差，需要在保育员的帮助下进行大、小便。需要帮助的内容有：（1）可以帮助婴幼儿脱裤子。（2）有的婴幼儿大便时不习惯蹲厕，保育员可根据情况在一旁搀扶。（3）保育员要鼓励婴幼儿蹲稳，不摔倒、不害怕。也可以提供便盆让婴幼儿坐在便盆上大小便。（4）便后要帮助并教给婴幼儿擦屁股、整理衣裤。

72. ABCD。与控制排尿相比，指导婴幼儿学会控制排便相对要容易一些。保育员在训练婴幼儿排便时应注意以下问题：（1）注意观察婴幼儿排便前的动作表现。通常婴幼儿在排便前会排出有臭味的气体，同时脸色发红，伴有使劲的动作和声音。（2）掌握好排便时间。一般控制在 5 min 左右。（3）帮助婴幼儿养成每天定点排便的习惯。保育员应引导婴幼儿养成每天定点排便的习惯，这样可以及时地将身体内的垃圾排出，有效防止便秘，有利于身体健康。（4）用正确的态度对待婴幼儿的排便行为。当婴幼儿成功排便后，保育员应给予鼓励和表扬。切不可表现出厌恶、恶心、烦躁的消极态度，以免婴幼儿出现心理性便秘。

73. BCD。睡眠对保证婴幼儿的身体健康发展有着重要的作用。它不仅能消除婴幼儿的疲劳，使机体各部分得到适当的休息和调整，而且在睡眠中人体脑垂体可以大量分泌生长素，以促进婴幼儿身体的生长和大脑皮层的发育。因此，保证婴幼儿充足的、高质量的睡眠对其身心的健康成长具有重要的意义。

74. ABCD。在婴幼儿时期，睡眠不足会带来一系列的危害，如影响长高、免疫力降低、影响大脑发育，甚至会影响到婴幼儿的心理健康。

75. AB。保证婴幼儿的睡眠包括两方面的含义：一是要保证充足的睡眠时间。通常情况下，婴幼儿的年龄越小，需要的睡眠时间就越长。二是要保证婴幼儿的睡眠质量。高质量的睡眠可以使婴幼儿头脑清醒，精力充沛，全身没有疲倦感和无力感，从而保障婴幼儿身心的健康发展。

76. AC。保育员根据气温情况确定寝室开窗通风的时间和次数，保证寝室空气流通、新鲜。秋冬季节，开窗通风的最佳时间是上午 9 点到 11 点，下午 2 点到 4 点。婴幼儿就寝时要将窗户关闭，以防受凉。春夏季节，只要没有风，窗户可以一直开着。

77. ABC。冬季室内空气干燥，保育员可以运用各种手段增加寝室湿度。如开加湿器、放一盆凉水或在暖气片上搭块湿布等都是不错的选择。

78. ABD。夏季天气炎热，保育员可以借助电风扇、空调或往地面上洒水的方式来降低室内温度。

79. ABCD。良好的物质环境有助于提高婴幼儿的睡眠质量。所以良好的通风、适宜的室内温度和湿度、适宜的光线、安静的睡眠环境等因素都是婴幼儿高质量睡眠的有力保障。

80. BC。婴幼儿的情绪和保育员对待婴幼儿的态度都属于睡眠心理环境创设的因素。

81. AB。在靠近寝室门口或窗户的地方通风效果好一些，相对比较凉爽，有利于婴幼儿入睡，提高睡眠质量。

82. BCD。口腔中有食物会堵住喉咙导致婴幼儿呼吸不畅；线头缠绕在手指上，就会使血液流通不畅，甚至会造成指头坏死；蒙头睡觉，空气不畅通，影响呼吸。所以这些都是婴幼儿睡眠中的安全隐患，保育员应注意加强防范。

83. CD。吃饭时，婴幼儿可能会进食大量的汤水，而午饭和睡眠的时间间隔相对较短，所以上床睡觉前保育员要提醒婴幼儿排尿，以免尿床。为防止睡眠过程中出现安全隐患，保育员在组织婴幼儿上床前一定要检查婴幼儿的口袋、口腔、双手等，将小卡子、扣子、小刀等危险物品拿出，以免发生意外。

84. BC。对体质较好、怕热的婴幼儿，保育员可以把他们的床铺安排在寝室门口、窗户下面等通风好的地方，以保证其睡眠质量。

85. ABCD。对于需要睡觉时间较长，脱衣动作较慢的婴幼儿或年龄较小、体质较弱的婴幼儿，保育员应组织他们提前入睡。

86. ABCD。对中、大班幼儿，保育员应指导幼儿自己穿脱衣服。幼儿穿好衣服后，保育员应检查并帮助和指导幼儿整理好领口、袖口、裤口、鞋带等。

87. ABCD。被褥用久了，会因为人体散发的热气而变得潮湿，影响保暖的效果。经常将被褥在太阳下晾晒，可以使被褥里的棉花变得松软而富有弹性，睡觉时就会感到柔软、舒适、暖和。同时，潮湿的被褥容易滋生细菌，而太阳中的紫外线具有很强的杀菌作用，3～6 h 内就会将附着在被褥上的细菌病原体全部杀死，所以晾晒被褥是最简单可行的预防疾病的有效措施。最后，被褥经太阳光的照射后会有一种淡淡的太阳晒后的香味，对提高睡眠质量有一定的促进作用。

88. ABCD。婴幼儿起床后，保育员应先照顾婴幼儿穿衣、小便、喝水；然后将每个婴幼儿的被子翻转过来晾一晾，将窗帘拉开，打开窗户通风；最后将被子叠好，统一摆放整齐。

89. ABCD。晾被：叠被前，需将被子翻转过来晾 10 min 左右，然后就可以将其叠起来了。叠两边：叠被时，保育员站在床的一侧，将被子靠近自己的一边向中间折，再折另一边，要注意宽窄适度。叠成豆腐块：将折好的长条形被子的两端分别向中间对折，然后再对折，叠成豆腐块的形状。整理床单和枕巾：最后将床单和枕巾铺平，用刷子将床单扫干净。需要特别注意的是不要将枕头放在被子下面。因为枕头、枕巾会因为婴幼儿在睡觉时爱出汗而变得潮湿，所以保育员应注意保持枕头、枕巾的干爽。

90. ABCD。做好物品的登记入册、固定位置存放并摆放整齐、正常使用记录和保养维修、定期清点以防丢失都是物品管理的常规要求，所以四个选项都是正确的。

91. ABCD。婴幼儿书包、衣物、玩具、教具、学习用品、日常生活用品要放置固定位置，做好标记；婴幼儿水杯、毛巾要放置固定位置、专人专用；领取物品时须填写领用登记表，不可未经允许拿用学前教育机构物品，借用须及时归还等都是物品管理制度的一般规定，所以四个选项都是正确的。

92. ABD。毛巾和水杯属于个人物品，必须专人专用。橡皮泥比较小，为了使用和拿取方便，一般都贴上标签，也是专人专用。但图书则是大家可以传阅的，所以不是专人专用。

93. ABCD。有腐蚀性物品、有毒物品、易燃易爆物品都会对婴幼儿造成伤害，所以四个选项都是正确的。

94. ABCD。危险物品在使用前、使用的过程中、使用以后都必须由专人严格按说明书使用、保管和做最后处理，不可让婴幼儿接触到，以避免可能的危险。所以四个选项都是正确的。

95. ABCD。存放位置移动后可能被婴幼儿容易拿到；存放环境发生变化，如不再低温、避光则可能发生爆炸；盖子松动漏气可能危害婴幼儿；快到使用期限则要抓紧安排，保证在有效期内使用。所以四个选项都是正确的。

96. ABC。选项 A 为避免婴幼儿误入；选项 B、C 为给消毒灯开关加标志，避免婴幼儿误开。所以 A 项、B 项、C 项都是正确的。但不能因噎废食，杜绝使用消毒灯也是不对的。

操作技能辅导练习题

【题目 1】为一中班幼儿做身体健康检查

1. 考核要求

考生能熟悉身体健康检查的工作准备，检查的内容全面，检查方法正确，语言辅助讲解全面清晰。

2. 准备工作

隔离衣、隔离帽、洗手液、肥皂、清水、儿童用的压舌板、体温表、听诊器、手电筒、晨检牌、记录表。

3. 考核时限

完成该题操作基本时间为 8 min；每超过 1 min 从本题总分中扣除 5%，操作超过 10 min 本题 0 分。

4. 评分项目及标准

为一中班幼儿做身体健康检查评分项目及标准

评分项目	评分要点	配分	评分标准及扣分
1. 检查前的准备	穿好隔离衣	1	隔离衣衣扣全部扣好。1 分 不穿隔离衣扣除 1 分，没扣好衣扣或穿不整齐扣除 0.5 分
	戴好隔离帽	1	头发全部塞进帽子里。1 分 不戴隔离帽扣除 1 分，头发整理不整齐扣除 0.5 分
	洗手	1	用肥皂或洗手液洗手。1 分 不洗手扣除 1 分，不用肥皂或洗手液洗手扣除 0.5 分
2. 一摸	摸额头	1	婴幼儿站好，保育员用一只手的手心轻摸婴幼儿额头。1 分 不摸额头扣除 1 分，摸头方法不正确扣除 0.5 分
	摸两腮	1	婴幼儿站好，保育员用双手轻摸婴幼儿两腮侧。1 分 不摸两腮侧扣除 1 分，摸两腮侧方法不正确扣除 0.5 分
3. 二看	检查双手	1	婴幼儿在保育员的示范下平伸出双手，要求保育员不要接触婴幼儿双手，避免可能的交叉感染。1 分 保育员不示范扣除 0.5 分，触碰或摸婴幼儿双手扣除 1 分
	检查口腔	2	婴幼儿在保育员的要求下，自己用手拉开上下唇，露出口腔，必要时保育员可做示范。要求保育员不要接触婴幼儿口腔，避免可能的交叉感染。2 分 保育员不示范或指导不正确扣除 0.5 分，触碰或摸婴幼儿口腔扣除 1 分
	检查舌头	1	婴幼儿站稳，自己伸出舌头，要求保育员不要接触婴幼儿舌头，避免可能的交叉感染。1 分 保育员指导不正确扣除 0.5 分，保育员用手接触婴幼儿舌头扣除 1 分
	检查咽部	2	让婴幼儿张大嘴，用压舌板压舌，婴幼儿“啊……”检查婴幼儿咽部有无红肿。2 分 压舌板不消毒扣除 1 分，压舌板使用不正确扣除 0.5 分，指导婴幼儿“啊……”不正确扣除 0.5 分

续表

评分项目	评分要点	配分	评分标准及扣分
3. 二看	检查眼睛及面色	1	观察婴幼儿面色是否正常，观察婴幼儿的眼睛，看是否患有结膜炎。观察婴幼儿的精神状态是否良好。1 分 观察婴幼儿面色、眼睛、精神状态，少一处扣除 0.5 分，扣满 1 分为止
4. 三问	询问家长	2	向家长询问婴幼儿在家的饮食，睡眠，大、小便情况是否有异常，有无腹泻、咳嗽、精神委靡等症状。2 分 询问婴幼儿饮食，睡眠，大、小便（腹泻），咳嗽，精神委靡情况共 5 项，少一项扣除 0.5 分，扣满 2 分为止
	询问婴幼儿	1	询问婴幼儿身体是否有哪个地方不舒服，是不是感觉很高兴。1 分 以上两个方面的问题，少问一项扣除 0.5 分
5. 四查	检查婴幼儿的衣着、口袋	3	检查婴幼儿穿戴是否整齐，有无不安全隐患（如衣服大小不合身，衣扣没扣好；带有长带状或长棒状饰物，鞋带松开等）；检查婴幼儿的手或口袋里，看有无携带不安全的物品，要将婴幼儿放在衣袋里带来的小物件暂时存放起来。3 分 穿戴是否整齐检查不全面细致酌情扣除 0.5～1 分，不检查婴幼儿的手或口袋各扣除 1 分
6. 发放晨检牌	区分婴幼儿健康状况	1	根据检查情况，分别发放红、绿、黄晨检牌，以便一日生活中对婴幼儿进行更进一步的观察和照顾。1 分 未按要求发放晨检牌扣除 1 分
7. 记录	做好检查记录	1	身体检查之后，要填写好检查记录表，以备查和恰当处理。1 分 身体检查之后，未及时、全面填写检查记录表者扣除 1 分
8. 整理	帮助婴幼儿整理好衣服	1	系好扣子、鞋带，理顺上衣、裤子，戴正帽子。1 分 不帮助婴幼儿整理衣服者扣除 1 分。整理但没有整理好者扣除 0.5 分
合计		21	

【题目 2】指导一中班幼儿服用液体药物

1. 考核要求

考生能熟悉服药的工作准备，指导婴幼儿服药的方法正确，记录全面，语言辅助讲解全面清晰。

2. 准备工作

隔离衣、隔离帽、洗手液、肥皂、清水、婴幼儿服药记录表、药物、开水、量杯。

3. 考核时限

完成该题操作基本时间为 5 min；每超过 1 min 从本题总分中扣除 5%，操作超过 7 min 本题 0 分。

4. 评分项目及标准

指导一中班幼儿服用液体药物评分项目及标准

评分项目	评分要点	配分	评分标准及扣分
1. 服药前的准备	穿好隔离衣	1	隔离衣衣扣全部扣好。1 分 不穿隔离衣扣除 1 分，没扣好衣扣或穿得不整齐扣除 0.5 分
	戴好隔离帽	1	头发全部塞进帽子里。1 分 不戴隔离帽扣除 1 分，头发整理不整齐扣除 0.5 分
	洗手	1	用肥皂或洗手液洗手。1 分 不洗手扣除 1 分，不用肥皂或洗手液洗手扣除 0.5 分
	幼儿洗手	1	指导幼儿用肥皂或洗手液洗手。1 分 不指导幼儿洗手不得分，不指导幼儿用肥皂或洗手液洗手扣除 0.5 分
	凉水	1	倒上一杯开水凉温备用。1 分 不提前凉水不得分
	准备药物	1	根据服药记录表准备药物。1 分 不根据服药记录表准备药物不得分
2. 服药	核对	2	服药前认真核对婴幼儿姓名、药名、药量、服用方法、服药时间。2 分 没有核对者不得分。少核对一项扣除 0.5 分，扣满 2 分为止
	劝说幼儿服药	1	说明服药是为了身体健康和舒适，鼓励婴幼儿大胆、勇敢地吃药。1 分 不鼓励婴幼儿积极配合服药者不得分
	指导幼儿掌握正确的吃药方法	2	按规定的单次药量，把液体药物倒入量杯内，看着婴幼儿大口地喝下；然后再递上事先晾好的温开水，让幼儿喝下，以便把液体药液全部冲下。2 分 液体药量多少不准确者扣除 0.5 分；不看着婴幼儿服用者扣除 1 分；婴幼儿吃药后不给婴幼儿喝下温开水冲下药液者扣除 0.5 分
	填写服药记录表	1	婴幼儿服药后，保育员要在婴幼儿服药记录表上签字。1 分 服药后不做服药签字者扣除 1 分
	指导幼儿休息	1	指导服药后的幼儿要安静一会儿，不要马上剧烈活动。1 分 服药者不指导婴幼儿安静休息者扣除 1 分

续表

评分项目	评分要点	配分	评分标准及扣分
2. 服药	收好剩余的药物	1	将剩余的药物贴上标签，放置在婴幼儿接触不到的固定位置。1 分 不贴标签存放好药物者扣除 1 分
合计		14	

【题目 3】为一大班幼儿分发餐具并添加饭菜

1. 考核要求

考生能熟悉分发餐具前的工作准备，正确选择餐具型号，掌握拿取餐具、添加饭菜的动作要领及注意事项。

2. 准备工作

隔离衣、隔离帽、洗手液、肥皂、消毒水、清水、抹布、小中大号餐具各一套（碗、盘、勺、筷子）。饭桶、大饭勺、夹子各 1 个，小半桶水，面食（馒头、包子、花卷）模型若干，饭桌 1 张。

3. 考核时限

完成该题操作基本时间为 6 min；每超过 1 min 从本题总分中扣除 5%，操作超过 8 min 本题 0 分。

4. 评分项目及标准

为一大班幼儿分发餐具并添加饭菜评分项目及标准

评分项目	评分要点	配分	评分标准及扣分
1. 分发餐具前的准备	穿好隔离衣	1	隔离衣衣扣全部扣好。1 分 不穿隔离衣扣除 1 分，没扣好衣扣或穿得不整齐扣除 0.5 分
	戴好隔离帽	1	头发全部塞进帽子里。1 分 不戴隔离帽扣除 1 分，头发整理不整齐扣除 0.5 分
	消毒擦拭餐桌	1	用消毒水擦拭后再用清水擦拭。1 分 只用其中一种液体擦拭扣除 0.5 分
	洗手	1	用肥皂或洗手液洗手。1 分 不洗手扣 1 分，不用肥皂或洗手液洗手扣除 0.5 分
2. 分发餐具	餐具的选择	1	选择大号的餐具。1 分 餐具型号选择错误扣除 1 分
	摆放的顺序	1	先摆碗和盘，后放勺。1 分 摆放顺序错误扣除 1 分

续表

评分项目	评分要点	配分	评分标准及扣分
2. 分发餐具	摆放的位置	1	碗和盘前后摆，勺放在盘上。1 分 摆放位置错误扣除 1 分
		1	碗、盘、勺和座位一一对应。1 分 没有对应关系扣除 1 分
	拿取餐具的要求	1	拿取勺时，手拿勺柄处。1 分 手拿勺头扣除 1 分
		1	拿取筷子时，手拿筷子较粗的一端。1 分 手拿筷子较细的一端扣除 1 分
3. 添加菜汤	添加菜汤的用具	1	使用公用勺。1 分 用非公用勺添加菜汤扣除 1 分
	添加菜汤的动作	2	从幼儿侧面递送。1 分 从幼儿头顶越过扣除 1 分
	添加菜汤的量	1	菜汤盛到碗口约 2/3 处。1 分 盛得太满或盛得太少扣 0.5～1 分
4. 添加面食	添加面食的用具	1	用公用夹夹取。1 分 用手拿取扣除 2 分
	面食放置的位置	1	面食放置在餐盘中。1 分 面食直接放置在餐桌上扣除 1 分
合计		16	

【题目 4】婴幼儿良好进餐习惯的指导

1. 考核要求

配合语言讲解，示范拿勺、拿筷子的动作要领及正确的进餐姿势，并说明不良的进餐姿势有哪些。

2. 准备工作

勺子一把、筷子一双、餐桌一张、餐椅一把、餐具一套。

3. 考核时限

完成该题操作基本时间为 6 min；每超过 1 min 从本题总分中扣除 5%，操作超过 8 min 本题 0 分。

4. 评分项目及标准

婴幼儿良好进餐习惯的指导评分项目及标准

评分项目	评分要点	配分	评分标准及扣分
1. 指导婴幼儿正确拿勺	握勺的位置	1	手握住离勺柄上端约 1/3 处。1 分 手握位置不对扣除 1 分
	握勺的手法	1	用大拇指、食指和中指三个手指头捏住勺柄。1 分 三指拿勺方法错误扣除 1 分
2. 指导婴幼儿正确用筷子	拿筷子的位置	1	指导婴幼儿手握住离筷子上端的 1/3 处。1 分 位置错误扣除 1 分
	拿筷子的手法	1	拇指和食指夹住两根筷子。1 分 手法错误扣除 1 分
		1	下面一根筷子的底部靠在无名指上，用拇指压牢。1 分 手法错误扣除 1 分
		1	用食指和中指的指尖夹住上面一根筷子。1 分 手法错误扣除 1 分
		1	使用时只活动中指和食指。1 分 手法错误扣除 1 分
3. 指导婴幼儿正确的进餐姿势	身体姿势	2	身体端正，靠近餐桌。2 分 身体歪斜或远离餐桌酌情扣分
	进餐姿势	2	一手拿勺一手扶碗。2 分 不扶碗扣除 2 分
	专心程度	2	安静、专心地吃饭。2 分 说笑打闹不得分
4. 纠正婴幼儿不良的进餐姿势	托腮、扶头	1	此内容考生采用语言表述的方式，评委可根据考生的表述酌情给分
	左顾右盼	1	
	身体摇晃	1	
合计		16	

【题目 5】示范讲解准备饮用水及指导婴幼儿饮水的动作要领

1. 考核要求

示范讲解准备饮用水及指导婴幼儿饮水的动作要领。

2. 工作准备

盛有水的保温桶一个、清水一盆、白开水一壶、水杯一个、小椅子一把。

3. 考核时限

完成该题操作基本时间为 6 min；每超过 1 min 从本题总分中扣除 5%，操作超过 8 min 本题 0 分。

4. 评分项目及标准

示范讲解准备饮用水及指导婴幼儿饮水的动作要领评分项目及标准

评分项目	评分要点	配分	评分标准及扣分
1. 准备饮用水	处理剩水	1	将桶内的剩水倒掉。1 分 不将剩水倒掉扣除 1 分
	清洁保温桶	4	用清水清洗内胆、外壁、水龙头及出水口。4 分 不清洗扣除 4 分；清洗不彻底，每少一项扣除 1 分
	准备饮用水	1	将新鲜的开水倒入。1 分 倒入不开的水扣除 1 分
2. 指导婴幼儿饮水	拿水杯的要求	1	有秩序地去拿水杯。1 分 不强调有秩序扣除 1 分
	接水的要求	1	一手握杯柄，一手按压水龙头接半杯水。1 分 不强调接半杯水扣除 1 分
	饮水的要求	1	手握杯柄，一手扶杯小口喝水。1 分 只用一只手拿杯子扣除 0.5 分
	水杯放置的要求	1	喝完后指导婴幼儿将杯子放回原处。1 分 不指导婴儿将杯子放回原处扣除 1 分
合计		10	

【题目 6】简单陈述指导中、大班幼儿如厕的工作要点

1. 考核要求

简单陈述指导中、大班幼儿如厕方法及大小便的工作要点。

2. 工作准备

穿衣服的娃娃一个。

3. 考核时限

完成该题操作基本时间为 10 min；每超过 1 min 从本题总分中扣除 5%，操作超过 12 min 本题 0 分。

4. 评分项目及标准

简单陈述指导中、大班幼儿如厕的工作要点评分项目及标准

评分项目	评分要点	配分	评分标准及扣分
1. 蹲厕的方法	双腿姿势	1	双腿劈开，蹲在厕坑边。1 分 不强调双腿开立不得分
	脱裤子	1	裤子脱至膝盖处。1 分 裤子脱至脚踝处扣除 1 分

续表

评分项目	评分要点	配分	评分标准及扣分
2. 擦屁股的方法	卫生纸的使用方法	2	将卫生纸对折，擦屁股一次后，将卫生纸再对折擦净。2 分 不强调将卫生纸对折，擦屁股一次扣除 1 分，不将卫生纸再对折擦净扣除 1 分
	擦屁股的顺序	2	从前往后擦。2 分 擦拭顺序错误扣除 2 分
3. 整理衣裤的方法	提好裤子	1	站起，提好裤子，并把裤子拉正。1 分 未整理好裤子扣除 1 分
	整理上衣	1	把内衣掖到裤子里。1 分 没有整理好扣除 1 分
	便后冲厕、洗手	2	便后冲厕。1 分；便后洗手。1 分 不冲厕不得分。不洗手不得分
4. 指导婴幼儿大便	观察动作表现	3	排出臭味气体。1 分　脸色发红。1 分　有使劲的动作和声音。1 分 以上三点每少一项扣除 1 分
	排便时间	2	排便时间控制在 5 分钟左右。2 分 时间长短不对酌情扣分
	定点排便	2	排便定点可有效防止便秘。2 分 没有这一内容不得分
	排便时的气氛	3	保育员态度积极。1 分　避免心理性便秘。1 分 每少一项扣除 1 分
5. 指导婴幼儿小便	1 岁以内	2	培养把尿习惯。2 分 没有这一内容不得分
	1～2 岁	3	观察婴幼儿的表情、动作。1 分　掌握排尿规律。1 分　引导婴幼儿用语言表达尿意。1 分 以上内容每少一项扣除 1 分
	3 岁以后	2	直接到小便池排尿。1 分　尿毕冲厕洗手。1 分 以上内容每少一项扣除 1 分
	合计	27	

【题目 7】陈述指导婴幼儿睡眠的工作要点

1. 考核要求

分别从物质环境和心理环境两个方面说明为婴幼儿创设良好睡眠环境的工作要点。

2. 考核时限

完成该题操作基本时间为 8 min；每超过 1 min 从本题总分中扣除 5%，操作超过

10 min 本题 0 分。

3. 评分项目及标准

陈述指导婴幼儿睡眠的工作要点评分项目及标准

评分项目	评分要点	配分	评分标准及扣分
1. 物质环境的创设	安静	1.5	室内外无噪声，说话声小，动作轻柔。1.5 分 以上内容每少一项扣除 0.5 分
	通风	1.5	秋冬两次：9 点到 11 点。0.5 分 14 点到 16 点。0.5 分 春夏：没风可一直开着。0.5 分 以上三点每少一项扣除 0.5 分
	温度	1	冬季寝室温度：20～24℃。0.5 分 夏季寝室温度：25～27℃。0.5 分 温度描述错误每项扣除 0.5 分
	湿度	1	寝室温度：40%～60%。1 分 描述错误不得分
	光线	1	不要太强，拉窗帘、关灯。1 分 描述不全酌情扣分
2. 心理环境的创设	婴幼儿的情绪	1	轻松愉悦。1 分 描述错误酌情扣分
	保育员的态度	1	态度和蔼。1 分 描述错误酌情扣分
3. 指导婴幼儿脱衣服	掌握正确的脱衣顺序	1	鞋——袜子——裤子——上衣。1 分 顺序错误不得分
4. 衣物摆放	衣物摆放整齐	2	衣服叠放在床角或搭在床栏。1 分 鞋子摆放在床下。0.5 分 袜子放在鞋子里。0.5 分 以上内容按项酌情扣分
合计		11	

【题目 8】定期检查危险品的内容和方法

1. 考核要求

口述定期检查危险品的内容和方法。

2. 考核时限

完成该题基本时间为 3 min；每超过 1 min 从本题总分中扣除 5%，操作超过 5 min 本题 0 分。

3. 评分项目及标准

定期检查危险品的内容和方法评分项目和标准

评分项目	评分要点	配分	评分标准及扣分
1. 存放位置	检查危险品的存放位置	2	检查危险品的存放位置是否移动过，如果发现存放物不见了，要尽快寻找，以确保安全。2分 根据口述情况酌情扣分
2. 存放环境	检查危险品的存放环境	2	检查危险品的存放环境是否发生变化，如果存放位置不再低温、避光，则需要尽快处理。2分 根据口述情况酌情扣分
3. 瓶盖密封情况	检查危险品的瓶盖是否松动	2	如果瓶盖松动容易让危险品挥发或溢出，造成危险，要把瓶盖旋紧。2分 根据口述情况酌情扣分
4. 有效期	检查危险品的有效期	2	检查并记录危险品的有效期，确保在有效期内正确使用。2分 根据口述情况酌情扣分
合计		8	

第3章 配合教育

考核要点

考核范围	理论知识考核要点	重要程度	操作技能考核要点	重要程度
室内教学活动的准备与配合	1. 学前教育机构环境创设的作用和基本要求	了解	会根据教学内容进行室内教学前准备、教学中配合及课后清扫工作	掌握
	2. 玩教具的作用和分配使用原则	熟悉		
	3. 室内教学活动前、中和后的配合任务	掌握	—	—
室内游戏活动的准备与配合	1. 游戏的教育作用及游戏分类	了解	配合教师组织婴幼儿游戏活动的工作过程	掌握
	2. 婴幼儿室内活动区域的规划	掌握	—	—
	3. 不同类型游戏的指导重点	掌握		
户外体操活动的准备与配合	1. 婴幼儿体操的分类及每类体操适合的年龄段	熟悉	户外体操活动准备与配合工作	熟悉
	2. 婴幼儿体操活动的组织要求	掌握	—	—
户外体育游戏活动的准备与配合	1. 婴幼儿体育游戏场地检查知识	熟悉	户外体育游戏的准备、配合及课后整理工作	掌握
	2. 婴幼儿体育活动强度观察知识	了解	—	—
参与家长工作	1. 人际交往的一般原则	了解	1. 正确选择和运用与家长沟通的最佳方式	掌握
	2. 人际交往的基本礼仪和技巧	熟悉	2. 掌握谈话的技巧并运用得当	掌握
	3. 保育员与家长交往沟通的方式	掌握	—	—
工作记录与反思总结	1. 保育员工作记录的类型	掌握	会填写工作记录表	掌握
	2. 保育员反思与总结的类型	掌握	—	—

重点复习提示

一、室内教学活动的准备与配合

1. 学前教育机构环境创设的作用和基本要求

《幼儿园教育指导纲要（试行）》明确指出："环境是重要的教育资源，应通过环境的创设和利用，有效地促进幼儿的发展。"环境创设作为教育的"隐形课程"，应该使婴幼儿得到情感的体验、智慧的启迪，使环境在促进幼儿身心和谐发展方面起到积极的作用。基本要求是：

（1）根据美的规律创设环境，让婴幼儿得到美的熏陶。

（2）提供机会，使婴幼儿成为环境创设的参与者和创造者。

（3）因地制宜，注意使用材料及制作装饰手段上的多样化。

（4）环境布置的高度应以婴幼儿的视线为准。

（5）环境创设要考虑安全性。

2. 玩教具的作用和分配使用原则

玩教具的合理使用能形象、直观地展示教学内容，使课堂教学生动有趣，气氛活跃，能有效地激发婴幼儿的学习兴趣，调动其学习的积极性，帮助婴幼儿更好地理解和学习教学内容；玩教具的使用还可以让婴幼儿运用自己的感官，通过看一看、摸一摸、玩一玩、做一做等动作，来尝试、探索新知识，达到更好的教学效果。玩教具的使用原则：适量、适时。

3. 室内教学活动前、中和后的配合任务

（1）保育员在教学活动前的准备工作包括：主动询问带班教师需要帮助制作玩教具、特殊摆放桌椅等，了解需要哪些教具、玩具和学具，检查玩教具的质量是否完好无损、数量是否足够；根据教学要求，协助教师准确有序地分发教学活动用品等。

（2）保育员在活动过程中的配合以及活动后的整理工作包括：默契配合教师的教学活动，提供适当的帮助；善于观察并辅导幼儿；保育员还要关注需要特殊照顾的婴幼儿。

4. 室内教学前准备、教学中配合及课后清扫工作

会根据教学内容进行室内教学前准备、教学中配合及课后清扫工作。

二、室内游戏活动的准备与配合

1. 游戏的教育作用及游戏分类

（1）游戏的教育作用：游戏能满足幼儿心理发展的需要，游戏能促进婴幼儿体、智、

德、美全面发展。

(2) 游戏分类：创造性游戏和有规则游戏，主动性游戏和被动性游戏。

2. 婴幼儿室内活动区域的规划

(1) 根据各类活动的教育功能与特点规划室内活动区域。

(2) 将婴幼儿表现出来的探索兴趣和经验作品作为环境规划的内容。

(3) 动态与静态游戏区域分配得当，尽量不要安排动态活动区域与静态活动区域相邻，以避免相互干扰。

(4) 根据班级婴幼儿人数的多少提供活动区，通常 30 人左右的班级设 4～6 个区域为宜。

(5) 可以把婴幼儿都喜欢玩的游戏设置成为固定常设的区域，也可以根据课程、季节和婴幼儿兴趣的变化，不断地变换调整区域。

3. 不同类型游戏的指导重点

包括角色游戏的指导重点、结构游戏的指导重点、表演游戏的指导重点以及智力游戏的指导重点。

4. 配合教师组织婴幼儿游戏活动的工作过程

要求提前了解游戏的类型及注意事项，并布置好游戏场地，准备好游戏用的玩具。游戏过程中，保育员要配合教师，帮助组织游戏，维持纪律。游戏结束后，整理玩具，清理现场。

三、户外体操活动的准备与配合

1. 婴幼儿体操的分类及每类体操适合的年龄段

婴幼儿体操主要分为徒手操、轻器械操两种类型，徒手操又包括模仿操、韵律操和武术操等。4 岁以下的婴幼儿一般较多采用模仿操；4～5 岁的幼儿一般较多采用韵律操；5～6 岁的幼儿一般较多采用武术操；轻器械操一般适应于 4～6 岁的幼儿。

2. 婴幼儿体操活动的组织要求

掌握组织婴幼儿进行体操活动的要求，包括婴幼儿体操活动时位置要求、镜面示范以及动作要求。

3. 户外体操活动准备与配合工作

保育员要配合教师组织体操活动，包括准备好幼儿体操活动用品、协助教师组织全班幼儿到室外做操、协助教师整理幼儿队形、维持做操秩序等，并在做操结束后帮助教师组织幼儿有秩序地返回教室。

四、户外体育游戏活动的准备与配合

1. 婴幼儿体育游戏场地检查知识

保育员要积极协助教师，确保体育游戏安全顺利进行，具体应遵循安全、合理、实用的原则。

2. 婴幼儿体育活动强度观察知识

保育员应当通过婴幼儿体育活动过程中和完成后的“面色、汗量、呼吸、情绪、食欲、睡眠”等多项内容的综合性观察、分析，做出运动负荷是“适度疲劳”还是“过度疲劳”的判断和评价。

3. 户外体育游戏的准备、配合及课后整理工作

保育员要配合教师组织体育游戏的内容包括提前检查和清理活动场地，确保场地的安全，摆放好体育器械，并协助教师组织体育游戏。

同时，要求保育员配合教师带队进出教室、维持纪律，并准备游戏器材、配合教师带游戏以及游戏后的整理工作。

五、参与家长工作

1. 人际交往的一般原则

人际交往的一般原则包括真诚、尊重、平等、换位等。

2. 人际交往的基本礼仪与技巧

人际交往的基本礼仪包括恰当地运用肢体语言如目光、微笑、握手等，着装得体，保持合适的交往距离等。

人际交往的技巧如：尽快记住别人的姓名；举止大方、坦然自若；培养开朗、活泼的个性；培养幽默风趣的言行；做到心平气和、不乱发牢骚；要注意语言的魅力；处事果断、富有主见、精神饱满、充满自信；等等。

3. 保育员与家长交往沟通的方式

保育员与家长交往沟通的方式包括家长座谈会、电话联系、家园联系专栏和个别交谈等，并能够正确选择与家长沟通的最佳方式。熟练运用与家长交流沟通的礼仪、技巧等。

六、工作记录与反思总结

1. 保育员工作记录的类型

根据记录内容的不同，可以将记录分为卫生消毒工作记录、全日观察记录、婴幼儿服药记录、配合教育工作记录、家长联系记录等。按记录的形式不同，可以将记录分为图表记录、文字记录。

2. 保育员反思与总结的类型

按保育工作反思与总结内容范围的大小，可以将保育工作总结分为全面工作总结和专项工作总结。按保育工作反思与总结时间跨度的长短，可以将保育工作总结分为学期工作总结、月度工作总结、周工作总结等。

理论知识辅导练习题

一、判断题（下列判断正确的请在括号内打"√"，错误的请在括号内打"×"）

1. 为了方便婴幼儿更好地进行室内游戏，保育员布置投放的玩具越多越好。（　　）
2. 为了节省时间，保育员要把婴幼儿课上使用的玩教具提前出示并摆放好。（　　）
3. 保育员投放体育器械要讲求实用，并非越多越好、越新越好。（　　）
4. 游戏能满足幼儿心理发展的需要，是婴幼儿期主要的活动。（　　）
5. 游戏能促进婴幼儿体、智、德的发展，但不能促进婴幼儿美育的发展。（　　）
6. 建构区应设在光线明亮、比较安静的位置，语言阅读区空间要宽敞。（　　）
7. 在结构游戏中，保育员要注意培养婴幼儿有秩序游戏的习惯。（　　）
8. 婴幼儿的表演游戏融想象、创造于一体，对发展其创造力有着不可低估的作用。（　　）
9. 过度疲劳是婴幼儿运动负荷超量造成的，是损害健康的，所以应当尽量避免。（　　）
10. 组织婴幼儿体操时，教师要站在背风、背光的方向。（　　）
11. 婴幼儿韵律操轻松活泼、节奏感较强，但应尽量减少臀部的震动、扭动或摇摆。（　　）
12. 教师在面向婴幼儿示范动作时要镜面示范，但是大班幼儿也可以不用。（　　）
13. 轻器械操除了锻炼体能外，还具有激发兴趣、培养美感、增加运动量等功能。（　　）
14. 婴幼儿体操队列站成三路纵队时，教师示范时应站在第二路纵队的正前方。（　　）
15. 所谓换位思考，就是要从对方的角度和处境来设身处地思考问题。（　　）
16. 社交距离一般为 0.5～1.2 m，私人距离一般为 0～0.5 m。（　　）
17. 标准的握手姿势，应该是大方地伸出右手，用手掌和手指轻轻握住对方的手掌。（　　）
18. 善于聆听与及时批评指正，是与家长沟通的一种基本能力。（　　）

19. 保育员应当每天对自己的工作进行反思和总结，必要时提出改进措施与方案。（　）

20. 保育员做工作记录，是为了有效避免工作的漏洞，为日后职务提升做准备。（　）

21. 环境创设作为教育的“隐形课程”，应该是一本立体的多彩的无声教科书。（　）

22. 充分利用环境潜移默化的教育功能，是当今幼儿教育改革的一个重要趋向。（　）

23. 在环境创设中，要为幼儿提供机会，使幼儿成为环境创设的参与者和创造者。（　）

24. 活动室四周的环境布置应以幼儿身体高度为准，有效地发挥环境的教育意义。（　）

25. 教具的使用应当多多益善，这样才会吸引婴幼儿的注意力，提高学习效果。（　）

26. 教具使用前要放到讲台前老师触手可及的地方，以避免浪费上课时间。（　）

27. 保育员协助教师维持教学活动时，要避免分散孩子的注意力，不能喧宾夺主。（　）

28. 在游戏活动中，由于婴幼儿可以把自己假想成现实生活中的各种角色，来满足自己参加社会实践活动的强烈愿望，从而推动了他们的心理向前发展。（　）

29. 游戏的虚拟性，大大推迟了婴幼儿掌握道德行为准则的过程，不利于其社会化。（　）

30. 在游戏的全过程中，婴幼儿大都要用动作来代替语言，这就削弱了婴幼儿语言的发展。（　）

31. 各种游戏都不同程度地促进了婴幼儿身体的发展，同时也发展了婴幼儿的基本动作。（　）

32. 尽量安排动态活动区域与静态活动区域相邻，以使得婴幼儿动静交替，减少疲劳。（　）

33. 游戏要根据班级婴幼儿人数的多少提供活动区，通常 30 人左右的班级设 3～4 个区域为宜。（　）

34. 可以把婴幼儿都喜欢玩的游戏设置成为固定常设的区域，也可以根据课程、季节和婴幼儿兴趣的变化，不断地变换调整区域。（　）

35. 角色游戏能够很好地促进婴幼儿社会性的发展。（　）

36. 游戏前的指导，首先要丰富婴幼儿的生活经验，拓宽角色游戏的内容来源。（　）

37. 幼儿的表演游戏只发展艺术表现能力，不能发展其创造能力。（　）

38. 2～3 岁的婴幼儿对物体有天生的破坏欲，常常把材料堆起又推倒，或者砸碎物品。（　）

39. 4～5 岁的幼儿开始关心结构游戏的成果，游戏时目的比较明确，主题比较鲜明。（　）

40. 5～6 岁的幼儿已有了较强的结构技能，目的性、计划性较强，合作意识增强。（　）

41. 婴幼儿的角色游戏所需时间一般都较长，每次不能少于 50 min。（　）

42. 凡是幼儿熟悉并喜欢的故事、童话、诗歌等儿童文学作品及幼儿周围生活中有趣味、有意义的人和事都是幼儿表演的基本素材。（　）

43. 组织智力游戏的关键是控制好游戏的难度，充分考虑本班婴幼儿的生活经验与接受能力。（　）

44. 一个好的智力游戏，内容要先难后易，对婴幼儿具有一定的挑战性。（　）

45. 对于 4 岁以下的婴幼儿，保育员重点要考虑的是如何提高婴幼儿的游戏技能。（　）

46. 对于 5～6 岁的幼儿，由于他们开始对游戏难度大的智力游戏（如棋类）更感兴趣，所以喜欢参加带竞赛性的智力游戏。（　）

47. 因为在做镜面示范时动作是反的，很容易造成教师所发出的口令与自己所做的动作不一致。（　）

48. 一般体操的动作是遵循先右后左的顺序，但是镜面示范体操却要求老师要先左后右。（　）

49. 有一些动作可以配合上声音，如“喵喵”的小猫叫声或“嘿”“嗨”等用力声，以增加体操的趣味性。（　）

50. 做操结束后，保育员协助教师组织婴幼儿安全有序地返回教室，一般也是保育员走在队前，教师走在队尾。（　）

51. 在窄小的场地内投放的器械种类不宜过多，否则会因教师无法全面指导而出现器械伤人现象。（　）

52. 只有运动达到适度疲劳如气喘吁吁、大汗淋漓时，才能有效地锻炼婴幼儿身心。（　）

53. 过度疲劳通过休息并不会对幼儿身体造成损害。（　）

54. 指导婴幼儿掌握动作安全的要领，还要教会他们学会自我保护，而不是简单粗暴地制止。（　）

55. 宽容，既是人际交往得以开始的前提，又是人际交往得以延续和深化的保证。（　）

56. 现实生活中的误解，往往是人们习惯从自己的主观判断出发所造成的。所以，要达到彼此的认同和理解，避免误会和偏见，我们就要学会“换位思考”。（　）

57. 微笑是人际交往的润滑剂，所以保育员要一直保持微笑。（　）

58. 保育员与家长交流时要时时保持微笑，即使有情绪也要伪装。（　）

59. 握手时，要微笑看着对方，不要左顾右盼。（　）

60. 登门拜访婴幼儿家长时，保育员可以休闲着装如穿拖鞋、短裤，以创造轻松氛围。（　）

61. 掌握交往距离很重要，过远让人感到生疏没热情，过近又使人觉得别扭或反感。（　）

62. 恋人、夫妻、父母子女之间，或与莫逆之交的来往，属于亲密距离，可以有身体接触。（　）

63. 医生和病人之间、老师和同学之间等，属于社交距离。（　）

64. 老同事、老同学、老朋友、老邻居之间的来往，属于私人距离。这种交往有较多的身体接触。（　）

65. 保育员与家长之间的交往，一般就保持在公众距离上，如教师上课时站在讲台前面对一教室的学生时的距离。（　）

66. 交往时，应尽快记住别人的姓名，并称呼得当，这样会让别人觉得自己备受重视，被礼貌相待，会使自己给人留下平易近人的印象。（　）

67. 应当培养幽默风趣的言行。交往时，幽默而不失分寸，风趣而不显轻浮，会给人以美的享受。（　）

68. 做到心平气和、不乱发牢骚，别人会心情愉悦，自己却会变得不快乐，无助个人涵养的提高。（　）

69. 保育员与家长的沟通必须建立在相互信任的基础上，如果失去信任，则很难与家长进行沟通。（　）

70. 保育员的反思要中肯，总结要深刻，没必要提出改进措施与方案。（　）

二、单项选择题（下列每题有 4 个选项，其中只有 1 个是正确的，请将其代号填写在横线空白处）

1. 学前教育机构在环境创设时，要注意室内墙壁装饰物的高度应当以________的视线为宜。

A. 教师　　B. 保育员

C. 婴幼儿　　D. 园长

2. 悬挂在学前教育机构走廊上的装饰物，在材质上有特殊要求，即要________。

A. 漂亮可爱　　B. 厚重大方

C. 讲求造型　　D. 轻巧安全

3. 婴幼儿游戏时应当根据其班级人数提供活动区，通常 30 人左右的班级设________个区域为宜。

A. 3～5　　B. 4～6

C. 5～8　　D. 6～9

4. 婴幼儿的角色游戏所需时间一般都较长，每次不能少于________ min。

A. 20　　B. 30

C. 40　　D. 50

5. 组织婴幼儿智力游戏的关键是控制好游戏的难度，适合的难度是________。

A. 难度适中　　B. 较难一些

C. 较容易一些　　D. 最容易

6. 下列体操中不属于徒手操的是________。

A. 韵律操　　B. 广播体操

C. 武术操　　D. 圈操

7. 保育员为婴幼儿准备体操器械时，________一条不属于其工作范畴。

A. 发现有弄脏的要立即清洁　　B. 发现有破损的要及时更换

C. 及时购买孩子喜欢的器械　　D. 及时增减器械数量

8. 保育员协助教师组织婴幼儿安全有序地到户外活动时，错误的说法是________。

A. 教师走在队前　　B. 保育员和教师一方带队即可

C. 保育员走在队尾　　D. 教师和保育员一起共同带队

9. 4 岁以下的婴幼儿一般较多采用的体操种类有________。

A. 模仿操　　B. 棍杆操

C. 圈环操　　D. 绳类操

10. 4～6 岁的幼儿一般适用的体操种类有________。

A. 模仿操　　B. 韵律操

C. 轻器械操　　D. 武术操

11. 心理学认为，最容易被交往对象所看重的品质是________。

A. 尊重　　B. 平等

C. 真诚　　D. 换位

12. 要与家长保持平等关系，保证与家长顺利交谈的必要条件是________。

A. 多加肯定　　B. 多加表扬

C. 真诚交谈　　D. 尊重家长

13. 与别人交谈时，一般目光注视对方的________。

A. 眼睛　　B. 鼻子

C. 嘴巴　　D. 三角部位

14. 婴幼儿体育活动的负荷量处于适度疲劳时会出现________。

A. 脸色通红　　B. 满头大汗

C. 呼吸急促　　D. 动作协调

15. “只对摆弄材料的动作感兴趣，常常无目的地把结构材料堆起垒高，然后推倒，不断重复，从中得到快乐和满足”，这是________年龄段婴幼儿的表现。

A. 2～3 岁　　B. 3～4 岁

C. 4～5 岁　　D. 5～6 岁

16. 婴幼儿创造性地反映现实生活的游戏，可以称为创造性游戏。________不属于创造性游戏。

A. 主题角色游戏　　B. 音乐游戏

C. 建筑造型游戏　　D. 表演游戏

17. 教师利用游戏的形式为完成一定的任务而编制的、用于________的游戏，称为有规则游戏。

A. 发展智力　　B. 发展动作

C. 作业教学　　D. 自娱自乐

18. 主动性游戏，婴幼儿可以自由控制游戏的速度，或按自己的意愿来决定游戏的形式，如________等。

A. 玩沙玩水　　B. 写字

C. 体育比赛　　D. 看书

19. 被动性游戏，属于比较静态的活动，婴幼儿只需观看、聆听或欣赏，也不需要进行体力活动，如________等。

A. 唱歌　　B. 玩积木

C. 表演　　D. 看录像

20. 要根据各类活动的教育功能与特点规划室内活动区域。例如，美工区、语言阅读区、________等，应设在光线明亮、比较安静的位置。

A. 结构区　　B. 表演区

C. 科学区　　D. 智力区

21. 不规则的场地不适合进行跑步类练习，但可以进行攀登、平衡类练习；柔软的草地可以进行跳远类练习；而坚硬的水泥地面则不适合于________练习。

A. 平衡类　　B. 跳跃类

C. 投掷类　　D. 钻爬类

22. 婴幼儿的运动负荷量属于适度负荷的生理表现是________。

A. 呼吸急促　　B. 汗珠滚落

C. 入睡较难　　D. 食欲正常

23. 户外体育活动，保育员要检查设备、体育活动器械等是否存在安全隐患，包括器械准备要合理，如________。

A. 准备少量的器械　　B. 准备大量的器械

C. 无序放置的器械　　D. 分类的适量器械

24. 平等，不仅包括看别人要平等，还要对________也平等。

A. 亲戚　　B. 自己

C. 朋友　　D. 家人

25. 保育员的观察记录工作应及时，养成________记录的习惯。

A. 课后　　B. 每天

C. 每周　　D. 随时

26. 保育员的平时记录应全面、细致，还应________客观。

A. 真实　　B. 系统

C. 艺术　　D. 灵活

27. 保育员的工作记录要规范、认真，并________。

A. 每天一次　　B. 每周两次

C. 每月四次　　D. 持之以恒

28. 课上发现婴幼儿有不良的学习动作、习惯时，保育员要轻轻上前________。

A. 呵斥制止　　B. 严厉干涉

C. 帮助纠正　　D. 鼓励安慰

29. 课上发现有注意力转移或违反纪律的婴幼儿时，保育员要及时走过去________。

A. 安慰　　B. 爱抚

C. 陪伴　　D. 制止

30. 发现婴幼儿作业有困难时，保育员要进行简单的________。

A. 批评　　B. 汇报

C. 辅导　　D. 替代

三、多项选择题（下列每题中的多个选项中，至少有 2 个是正确的，请将正确答案的代号填在横线空白处）

1. 学前教育机构在环境创设时，要考虑环境的________。

A. 美感　　B. 安全性
C. 能动性　　D. 娱乐性

2. 保育员需要在教学活动之前做的准备工作有________。
A. 按要求摆放桌椅　　B. 检查玩教具的质量
C. 修改教学方案　　D. 按需要分发玩教具

3. 保育员在教学活动过程中，可以做的配合活动有________。
A. 帮助教师倒录音磁带　　B. 提醒注意力分散的婴幼儿
C. 简单辅导作业困难的婴幼儿　　D. 照顾特殊的婴幼儿

4. 婴幼儿创造性地反映现实生活的游戏，称为创造性游戏，它包括________。
A. 角色游戏　　B. 语言游戏
C. 建筑游戏　　D. 表演游戏

5. 婴幼儿体育活动场地要事先检查场地与器械是否安全，包括________。
A. 地面有无积水、沙石、坑洼等　　B. 摇椅螺丝是否松动、重心稳否
C. 秋千、吊环的绳索是否牢固　　D. 注意观察施工现场是否安全

6. 婴幼儿户外体育游戏的器械投放应当遵循的基本原则是________。
A. 安全　　B. 实用
C. 适量　　D. 新颖

7. 人际交往的礼仪中，需要恰当地运用形体语言，它主要包括________。
A. 身姿　　B. 微笑
C. 目光　　D. 握手

8. 婴幼儿体育活动的负荷量处于过度疲劳时会出现________。
A. 脸色苍白　　B. 恶心呕吐
C. 步态不稳　　D. 睡眠不安

9. 对一些危险性较大的游戏如________，保育员要站在婴幼儿旁边做好指导和保护。
A. 翻滚运动　　B. 爬攀登架
C. 双腿跳　　D. 荡秋千

10. 保育员与家长沟通的一般方法有________。
A. 批评引导法　　B. 一句话沟通法
C. 引起注意法　　D. 真情感动法

11. 婴幼儿体操主要分为________两种类型。
A. 徒手操　　B. 韵律操
C. 轻器械操　　D. 武术操

12. 徒手操又可以细分为________等三种。

A. 绳操　　B. 韵律操

C. 模仿操　　D. 武术操

13. 婴幼儿模仿操的特点是________。

A. 形象性强　　B. 对动作正确性的要求不高

C. 自由活泼　　D. 节奏感强

14. 教师在组织婴幼儿体操活动时要注意________。

A. 队形位置　　B. 及时到队伍后面纠正幼儿动作

C. 镜面示范　　D. 自始至终都要坚持动作示范

15. 教师示范做操时，要注意做到________。

A. 语气要亲切　　B. 口令要清晰、洪亮并充满感情

C. 动作要柔和　　D. 动作要熟练、规范、有力度

16、幼儿做操时保育员应当________。

A. 最好站在队伍后面一起做操　　B. 随时观察幼儿的情况

C. 可以趁机离开休息一会儿　　D. 可以来回走动或讲话

17. 保育员与家长沟通的方式很多，其中的主要方式有________。

A. 家长座谈会　　B. 电话联系

C. 个别交谈　　D. 家园联系专栏

18. 按保育工作反思与总结时间跨度的长短，可以将保育工作总结分为________。

A. 学期工作总结　　B. 专项工作总结

C. 月度工作总结　　D. 周工作总结

19. 保育员做保育工作反思与总结时应当注意的事项是________。

A. 反思要中肯　　B. 总结要深刻

C. 自我评价要客观　　D. 提出改进措施与方案

20. 保育工作记录的类型很多，按记录的形式不同可以分为________。

A. 全日观察记录　　B. 图表记录

C. 配合教育工作记录　　D. 文字记录

21. 保育员应当通过以下几个方面来观察幼儿的运动负荷量是否适宜，如________。

A. 面色　　B. 汗量

C. 呼吸　　D. 情绪

22. 婴幼儿体育活动场地安全检查，一般要包括事先检查地面有无________等因素。

A. 积水　　B. 沙石

C. 坑洼　　D. 塑垫

23. 教学游戏通常按学科科目来区分其教学职能，如________。

A. 体育游戏　　B. 智力游戏

C. 语言游戏　　D. 音乐游戏

24. 主动性游戏可以分为________。

A. 操作性游戏　　B. 建造性游戏

C. 创作性游戏　　D. 想象性游戏

25. 检查活动场地、摆放体育器材时，要按照________的原则。

A. 安全　　B. 合理

C. 实用　　D. 大量

26. 适度负荷的运动中，婴幼儿的动作应当________。

A. 协调　　B. 略有迟钝

C. 准确　　D. 步态轻稳

27. 适度负荷运动后，婴幼儿的情绪应当表现出________。

A. 状态稳定　　B. 激动兴奋

C. 精神爽快　　D. 抑郁低落

28. 运动中，婴幼儿过度负荷的表现是________。

A. 脸色苍白　　B. 呼吸急促

C. 动作颤抖　　D. 反应迟钝

29. 运动后，婴幼儿过度负荷的表现是________。

A. 食欲降低　　B. 恶心

C. 睡眠深沉　　D. 呕吐

30. 婴幼儿生理发育水平很低，有一些成人的游戏项目不适合幼儿练习，如________。

A. 悬垂运动　　B. 负重运动

C. 掰手腕　　D. 拔河或拉力

31. 当婴幼儿在做一些有危险性的活动时，保育员要配合带班教师，站在婴幼儿旁边做好指导和保护，如________等。

A. 翻滚运动　　B. 爬攀登架

C. 荡秋千　　D. 走平衡木

32. 当婴幼儿从高处往下跳跃时，教给他们落地时要轻，并做到________等动作要领，以减轻震荡、避免受伤。

A. 弯腰　　B. 脚尖先着地

C. 屈膝　　　　　　　　　　　　　D. 双手背后

33. 保育员不仅要善于向家长反映孩子的在园情况，更要善于聆听，在家长讲话时，要积极地给家长以反馈，并注意________等方面支持和鼓励家长表达自己的观点。

A. 服饰　　　　　　　　　　　　　B. 体态

C. 表情　　　　　　　　　　　　　D. 语言

34. 在人际交往中，对待所有的人都应该给予应有的尊重。不仅要尊重别人的个性习惯、兴趣爱好，还要尊重别人的________。

C. 权利　　　　　　　　　　　　　D. 地位

A. 情感　　　　　　　　　　　　　B. 隐私

35. 按保育工作反思与总结内容范围的大小，可以将保育工作总结分为________。

A. 全面工作总结　　　　　　　　　B. 月度工作总结

C. 专项工作总结　　　　　　　　　D. 周工作总结

理论知识辅导练习题参考答案及说明

一、判断题

1. ×。玩具提供以适量、适时为原则，数量太多反而会影响婴幼儿专注力。
2. ×。玩教具的提供要适时，出示得太早容易分散婴幼儿的注意力。
3. √。如果投放体育器械太多太新，效果并不好。
4. √。游戏能满足幼儿心理发展的需要，如好奇心、动手欲望等。
5. ×。游戏也能促进婴幼儿美育的发展，如表演游戏对美育的促进作用。
6. ×。语言阅读区应设在光线明亮、比较安静的位置，建构区空间要宽敞。
7. √。结构游戏是培养婴幼儿有秩序游戏习惯的极佳游戏。
8. √。婴幼儿的表演游戏是创造性的表演活动。
9. √。过度疲劳能够损伤婴幼儿稚嫩的心脏、肺、肌肉等。
10. ×。组织婴幼儿体操时，教师要让幼儿站在背风、背光的方向。
11. √。因为婴幼儿的骨盆尚未发育完善，臀部的震动、扭动或摇摆会影响骨盆发育。
12. ×。教师向大班幼儿示范动作时也要镜面示范，因为他们左右方位掌握尚不牢固。
13. √。因为轻器械鲜艳有趣甚至有声音。
14. ×。这样站，第二纵队后面部分的小朋友可能看不到教师。
15. √。从对方的角度和处境来设身处地思考问题效果会更好。
16. ×。社交距离一般为 1.2～3.5 m，私人距离一般为 0.5～1.2 m，亲密距离一般为

0～0.5 m。

17.×。标准的握手姿势，应该是大方地伸出右手，稍微用力一些握住对方的手掌。

18.×。善于聆听，是与家长沟通的一种基本能力。

19.√。保育员应当每天对自己的工作进行反思和总结，才会有更大进步。

20.×。保育员做工作记录，是为日后工作的开展提供参考和借鉴。

21.√。环境创设作为教育的“隐形课程”，内容更为立体丰富。

22.√。环境潜移默化的教育功能力量巨大。

23.√。幼儿成为环境创设的参与者和创造者，才会发挥环境的更大作用。

24.×。活动室四周的环境布置应以幼儿视线高度为准，有效地发挥环境的教育意义。

25.×。教具的使用不应多多益善，以防分散婴幼儿的注意力。

26.×。教具使用前要放到婴幼儿看不到的地方，以避免分散婴幼儿的注意力。

27.√。因为保育员的任务是协助教师维持教学活动。

28.√。游戏活动具有生活准备功能。

29.×。游戏可以缩短婴幼儿掌握道德行为准则的过程，有利于他们在现实生活中较快地掌握和形成良好的道德行为习惯。

30.×。在游戏的全过程中，婴幼儿都要用语言来交流思想，商讨各种办法，这就促进了婴幼儿语言的发展。

31.√。不同游戏具备不同的教育作用和意义。

32.×。动态与静态游戏区域分配得当，尽量不要安排静态活动区域与静态活动区域相邻，以避免相互干扰。

33.×。根据班级婴幼儿人数的多少提供活动区，通常30人左右的班级设4～6个区域为宜。

34.√。不断地变换调整区域，才会保持游戏新鲜。

35.√。角色游戏包含很多的人际交往环节。

36.√。婴幼儿丰富的生活经验，是角色游戏的内容来源。

37.×。幼儿的表演游戏可以发展幼儿创造能力。

38.×。2～3岁的婴幼儿对动作过程感兴趣，常常把材料堆起垒高，又推倒，不断重复，从中得到快乐和满足。

39.√。4～5岁的幼儿不但对动作过程感兴趣，而且也关心结构的成果，游戏时目的明确、主题鲜明。

40.√。5～6岁的幼儿心智的发展使他们具备了较强的结构技能。

41.×。婴幼儿的角色游戏所需时间一般都较长，每次不能少于30 min。

42. √。

43. √。

44. ×。一个好的智力游戏，内容要先易后难，逐步加大难度，这才符合婴幼儿心理活动规律。

45. ×。对于 4 岁以下的婴幼儿，保育员重点要考虑的是选用什么样的玩具、教具，用什么样的方式来激发幼儿的游戏兴趣。

46. √。5～6 岁的幼儿智力得到了一定发展。

47. √。镜面示范时动作不符合人们一般的动作习惯。

48. ×。一般体操的动作是遵循先左后右的顺序，但是镜面示范体操却要求老师要先右后左。

49. √。因为婴幼儿年龄特征，喜欢带声音的活泼活动。

50. ×。做操结束后，保育员协助教师组织婴幼儿安全有序地返回教室，一般也是教师走在队前，保育员走在队尾。

51. √。婴幼儿年龄小，会存在争夺器械的现象。

52. ×。只有运动达到适度疲劳如呼吸较快、微微出汗时，才能有效地锻炼婴幼儿身心。

53. ×。过度疲劳是幼儿运动负荷超量造成的，会对幼儿身体造成损害。

54. √。教会婴幼儿学会自我保护，能够提高活动质量。

55. ×。真诚，既是人际交往得以开始的前提，又是人际交往得以延续和深化的保证。

56. √。“换位思考”能够促使人们更好地理解他人，并被他人所接受。

57. ×。微笑是人际交往的润滑剂，保育员要尽量保持微笑。

58. ×。应当注意的是，微笑要发自内心，不要假装做作。

59. √。握手时左顾右盼很不礼貌。

60. ×。登门拜访婴幼儿家长时，保育员要衣冠整齐，不可穿拖鞋、着短裤，否则会显得不尊重别人。

61. √。掌握交往距离很重要，出现这种现象是由人们的心理期待造成的。

62. √。只有亲密距离的人可以有身体接触，否则属于不礼貌。

63. √。社交距离不应当太近或太远。

64. ×。老同事、老同学、老朋友、老邻居之间的来往，属于私人距离。这种交往已经少有身体接触。

65. ×。医生和病人之间、老师和同学之间等，属于社交距离。保育员与家长的社交距离一般就保持在这种距离上。

66. √。尽快记住别人的姓名，并称呼得当，是一种礼貌。

67. √。幽默风趣的言行会缓和气氛。

68. ×。做到心平气和、不乱发牢骚，这样不仅使自己快乐、提高涵养，而且别人也会心情愉悦。

69. √。信任是沟通的基础。

70. ×。保育员提出改进措施与方案，才能继续更大的进步。

二、单项选择题

1. C。目的是为了方便婴幼儿的参与和欣赏。

2. D。厚重物品装饰容易坠落砸伤婴幼儿。

3. B。4～6 人一组最便于讨论和指导。

4. B。如果少于 30 min，游戏还没能够很好地展开。

5. A。太难或太容易都不利于儿童智力发展。

6. D。因为做徒手操时手里是不拿任何器械的。

7. C。购买玩教具是学前教育机构采购科的工作范畴，不属于保育员工作之列。

8. B。婴幼儿一旦走出教室，存在安全隐患的概率就大大增加，所以不能一人带队。

9. A。模仿操最简单易学，而棍杆操、圈环操、绳类操等较难。

10. C。对于 4～6 岁的幼儿来说，模仿操、韵律操较易，武术操又较难。

11. C。真诚才会让人有安全感。

12. D。尊重家长是交流的前提。

13. D。与别人交谈时注视眼睛、鼻子会让人紧张。

14. D。前三项反应特征属于运动超负荷的过度疲劳。

15. A。因为随年龄增长，目的性也增强。

16. B。音乐游戏往往受到音乐本身的限制。

17. C。

18. A. 因为写字、体育比赛、看书等活动的规则性较强。

19. D。因为唱歌、玩积木、表演等都需要一定的体力活动。

20. C。因为科学区内，往往有一些物理、化学实验需要光线好才能观察到。

21. B。因为在坚硬的水泥地面上跳跃容易发生脑震荡。

22. D。呼吸急促、汗珠滚落、入睡较难等属于超负荷的生理表现。

23. D。少量的器械或大量的器械都会给婴幼儿的活动带来安全隐患。

24. B。因为 A 项、C 项、D 项三项都属于“别人”范畴，这里强调对自己的平等意识。

25. D。课后、每天或每周记录都不够及时和准确。

26. A。保育员的平时记录最重要的就是真实性。

27. D。保育员的工作记录要随时随地进行。

28. C。因为不良习惯是长期造成的，不是严厉制止能解决的，必须帮助纠正。

29. D。因为安慰、爱抚和陪伴都不能解决问题。

30. C。因为保育员有协助教师简单辅导婴幼儿学习的责任。

三、多项选择题

1. ABC。学前教育机构在环境创设时，一般不考虑环境的娱乐性。

2. ABD。修改教学方案是教师自己的任务，不属于保育员工作范畴。

3. ABCD。这些任务都在保育员的工作范围之内。

4. ACD。语言游戏属于规则性游戏。

5. ABCD。这些因素都能构成学前教育机构里婴幼儿的安全隐患。

6. ABC。这里讲的是基本原则，而“新颖”不属于基本原则范畴。

7. BCD。人际交往的礼仪中，对身姿没有明确要求。

8. ABCD。这些现象都是婴幼儿在体育活动的负荷量处于过度疲劳时会出现的。

9. ABD。双腿跳动作比较稳当，不属于危险性大的动作。

10. BCD。批评引导法不属于和家长沟通的基本方法。

11. AC。韵律操、武术操都属于徒手操。

12. BCD。绳操属于轻器械操。

13. ABC。节奏感强属于韵律操的特点，而不属于模仿操的特点。

14. ACD。因为到队伍后面纠正幼儿动作会影响到自己面向全班的动作示范。

15. BD。语气亲切、动作柔和属于对教师室内活动的要求。

16. AB。幼儿做操时保育员应当站在队列的后面，随时观察幼儿园的活动情况，如发现不遵守纪律的要过去制止，发现动作不规范的要过去纠正等。

17. ABCD。这些都是保育员与家长沟通的有效方式。

18. CD。其他两种是按照保育工作反思与总结内容范围的大小来划分的。

19. ABCD。这些都是保育工作反思与总结的范畴。

20. BD。A 项、C 项属于根据记录内容的不同划分的类型。

21. ABCD。面色、汗量、呼吸和情绪是观察幼儿的运动负荷量是否适宜的四个主要外在指标。

22. ABC。并不是所有的体育活动都像跳跃、翻滚等运动一定需要塑垫。

23. ABCD。这些都是教学游戏按学科科目来区分其教学职能的。

24. ABCD。操作性游戏、建造性游戏、创作性游戏和想象性游戏都是主动性游戏。

25. ABC。运动器械并非越多越好，太多反而容易伤害幼儿。

26. ACD。略有迟钝属于过度疲劳的特征。

27. AC。激动兴奋和抑郁低落都属于过度疲劳的特征。

28. ABCD。脸色苍白、呼吸急促、动作颤抖和反应迟钝都是运动超负荷的表现。

29. ABD。过度负荷运动后，婴幼儿会入睡较难或睡眠不安。

30. ABCD。悬垂运动、掰手腕会伤害婴幼儿的关节和韧带；负重运动、拔河或拉力会伤害婴幼儿的骨骼和心肺。

31. ABCD。翻滚运动、爬攀登架、荡秋千和走平衡木都是有危险的运动。

32. ABC。双手背后并不利于婴幼儿跳跃时进行自我保护。

33. BCD。服饰没有鼓励作用。

34. ABCD。这些都属于尊重的范畴。

35. AC。月度工作总结、周工作总结是按照时间来划分保育工作总结的。

操作技能辅导练习题

【题目 1】请根据以下教学活动方案，进行教学活动前的准备、活动中的配合和活动后的整理工作

【教学活动方案】

教学活动名称：认识磁铁。

教学班级：中一班（6 人）（为考核方便，设计 6 人班级场景）。

教学活动目标：

（1）了解磁铁的特性。

（2）培养幼儿探索的兴趣。

（3）通过幼儿自主的游戏探索和分析，让幼儿掌握分类的思维方法。

（4）引导幼儿运用归纳的方法给磁铁命名。

教学活动方法：幼儿自主探索，分类归纳。

教学准备：各种形状磁铁若干（保证每个幼儿手上有不同形状磁铁 2～3 块），铁钉、铁锁、铁片及其他铁制用具若干，木制积木及木条若干，纸片若干，小石头若干，塑料制品若干，其他各类物品若干。

教学活动过程：

（1）教学导入。

（2）幼儿探索活动。

(3) 引导幼儿归纳分析：玩的过程中发现了哪些有趣的现象？

(4) 引导幼儿给磁铁命名：吸铁石、磁铁。

1. 考核要求

(1) 明确教学活动前的准备，活动中的配合和活动后的整理工作要求。

(2) 配合教学工作方法正确、细致、全面。

2. 准备工作

1间教室，1位教师，6名幼儿，磁铁等教学用具若干。

3. 考核时限

完成该题操作基本时间为15 min；每超过2 min从本题总分中扣除10%，操作超10 min本题0分。

4. 评分项目及标准

室内教学活动准备与配合评分项目及标准

评分项目	评分要点	配分	评分标准及扣分
1. 活动前的准备	检查室内环境	1	检查室内环境，保证室内空气流通、温度适宜。1分 缺少此项内容扣除1分
	询问带班教师教学活动内容和要求	4	询问带班教师教学活动内容。1分 询问带班教师需要准备哪些教具和玩具，需要的具体数量多少。1分 询问带班教师是否需要帮助制作玩教具。1分 询问带班教师桌椅如何摆放。1分 以上每少一项扣除1分
	准备多种玩教具	4	按教学活动要求准备玩教具，要求种类足够多，要求至少有铁、木、纸、石、塑料五种。4分 以上五种玩教具每少一种扣除0.5分，扣完2分为止；如果在这五种之外另增加其他材料恰当也可酌情加1分
	检查玩教具	3	检查玩教具的数量是否足够，质量是否完好无损，并确保玩教具清洁。3分 每种数量少于6个扣除1分；形状太单一扣除1分，玩教具不干净也分给幼儿使用扣除1分。分数扣完为止
	分发玩教具	2	按顺序分发玩教具，要求人手一套。2分 漏发一个扣除1分，扣完为止
2. 活动中的配合	给教师提供适当的帮助	2	配合教师按步骤展示教具，弥补教学活动中忽视的问题，帮助教师顺利完成教学活动过程。2分 根据保育员的协助工作质量，酌情扣分

续表

评分项目	评分要点	配分	评分标准及扣分
2. 活动中的配合	善于观察并辅导幼儿	4	纠正幼儿的不良动作习惯。1 分 制止幼儿注意力的转移和违反纪律的行为。1 分 参与幼儿活动，引导幼儿思考。1 分 关注特殊幼儿，做好个别观察记录。1 分 以上每少一项扣除 1 分
3. 活动后的整理	整理玩教具	1	协助教师收拾整理玩教具，把玩教具放回玩具柜，以备后用。也可指导幼儿帮忙整理。1 分 玩教具整理不齐酌情扣除 0.5～1 分
	清洁活动场地	1	清洁活动场地，倒掉废弃物。1 分 活动场地清洁不干净酌情扣除 0.5～1 分
合计		22	

【题目 2】请根据以下角色游戏活动方案，进行活动前的准备、活动中的配合和活动后的整理工作

【角色游戏活动方案】

游戏活动主题：娃娃家游戏。

游戏活动班级：中一班（6 人）（为考核方便，设计 6 人班级场景）。

游戏活动目标：

（1）培养幼儿角色游戏的乐趣。

（2）通过角色扮演，培养幼儿观察生活和体验生活的能力，让幼儿学会在游戏中友好合作。

（3）培养幼儿的语言交往能力和协调能力。

游戏活动准备：娃娃家游戏用小锅、碗等家庭陈设用具 1 套。

游戏活动过程：

（1）引入游戏活动主题：娃娃家。

（2）布置游戏场景。

（3）引导幼儿自主分配游戏角色。

（4）引导并帮助幼儿设计丰富的家庭生活内容和情节。

（5）引导幼儿自主游戏，教师和保育员适当指导。

（6）整理活动场地。

（7）游戏活动总结。

1. 考核要求

(1) 明确角色游戏活动前的准备、活动中的配合和活动后的整理工作要求。

(2) 配合游戏活动方法正确、细致、全面。

2. 准备工作

1 间教室，1 位教师，6 名幼儿，娃娃家游戏用小锅、碗等家庭陈设用具 1 套。

3. 考核时限

完成该题操作基本时间为 15 min；每超过 2 min 从本题总分中扣除 10%，操作超过 10 min 本题 0 分。

4. 评分项目及标准

角色游戏活动准备与配合评分项目及标准

评分项目	评分要点	配分	评分标准及扣分
1. 活动前的准备	准备游戏材料	2	把娃娃家的游戏材料清洁干净，拿到游戏场地。2 分 根据材料准备的情况酌情扣除 0.5～1 分
	布置游戏场地	2	把游戏材料按要求摆放好。2 分 根据摆放情况酌情扣除 0.5～1 分
2. 活动过程中的配合	给教师提供适当的帮助	2	帮助教师弥补游戏活动设计中的不足，帮助教师顺利完成游戏活动过程。2 分 根据保育员的协助工作质量，酌情扣分
	善于观察并辅导幼儿	4	以角色的身份制止幼儿争执行为。1 分 以角色身份参与幼儿活动，帮助幼儿丰富娃娃家活动内容。2 分 关注特殊幼儿，做好个别观察记录。1 分 以上每少一项根据分值扣分
3. 活动后的整理	整理游戏材料	2	把游戏材料收齐整理好，放到玩具柜中；也可以指导幼儿协助整理。2 分 游戏材料整理不整齐酌情扣除 0.5～2 分
	清洁活动场地	1	清扫活动场地杂物。1 分 不清扫活动场地扣除 1 分
合计		13	

【题目 3】请根据以下结构游戏活动方案，进行活动前的准备、活动中的配合和活动后的整理工作

【结构游戏活动方案】

游戏活动主题：用橡皮泥捏水果。

游戏活动班级：小班（6人）（为考核方便，设计6人班级场景）。

游戏活动目标：

（1）掌握团、搓、压、捏橡皮泥的技巧。

（2）通过观察和塑造水果的形状，培养幼儿观察能力。

（3）培养幼儿结构游戏的乐趣。

游戏活动准备：多种颜色橡皮泥若干，多种水果（香蕉、苹果、山楂、西瓜等）。

游戏活动过程：

（1）观察水果，引导幼儿分析各种水果的外形特征。

（2）教会幼儿掌握团、搓、压、捏橡皮泥的技巧。

（3）引导幼儿用橡皮泥捏自己喜欢的水果。老师指导，帮助每名幼儿完成自己的作品。

（4）引导幼儿相互评议和欣赏结构作品。

1. 考核要求

（1）明确结构游戏活动前的准备、活动中的配合和活动后的整理工作要求。

（2）配合游戏活动方法正确、细致、全面。

2. 准备工作

1间教室，1位教师，6名幼儿，各种水果，多种颜色橡皮泥若干，几个小碗、1瓶水。

3. 考核时限

完成该题操作基本时间为15 min；每超过2 min从本题总分中扣除10%，操作超过10 min本题0分。

4. 评分项目及标准

结构游戏活动准备与配合评分项目及标准

评分项目	评分要点	配分	评分标准及扣分
1. 活动前的准备	准备橡皮泥	2	把干硬的橡皮泥浸泡到水里，水要足够多，没过橡皮泥。2分 水如果太少酌情扣除1～2分
		3	浸泡一段时间后，把橡皮泥拿出来用手揉捏变软，揉捏后橡皮泥要软硬均匀。3分 揉捏不均匀要酌情扣除0.5～2分
2. 活动过程中的配合	给教师提供适当的帮助	2	协助教师适时展示玩教具，弥补教学活动中忽视的问题，帮助教师顺利完成游戏活动过程。2分 根据保育员的协助工作质量，酌情扣分

续表

评分项目	评分要点	配分	评分标准及扣分
2. 活动过程中的配合	善于观察并辅导幼儿	4	纠正幼儿的不良动作习惯，如吃手等。1 分 制止幼儿违反纪律和不友好的行为。1 分 参与幼儿活动，帮助幼儿完成作品。1 分 关注特殊幼儿，做好个别观察记录。1 分 以上每少一项扣除 1 分
3. 活动后的整理	整理橡皮泥	3	把橡皮泥按颜色分出来，搓成柱状或球状，并放入盒子排放整齐，盖紧盒子。3 分 如果出现颜色混杂扣除 1 分；没有把橡皮泥搓成一定形状和整齐摆放扣除 1 分，没有把橡皮泥放在盒内并盖好，乱堆放，扣除 1 分
	清洁活动场地	2	用抹布擦净桌面，清理地面污物。2 分 桌面不干净扣除 1 分，地面不干净扣除 1 分
	指导幼儿洗手	2	指导幼儿有秩序地洗干净手。2 分 不马上要求幼儿洗手扣除 2 分，洗手秩序混乱或洗手不干净扣除 1 分
合计		18	

【题目 4】请根据以下花环操活动方案，进行活动前的准备、活动中的配合和活动后的整理工作

【花环操活动方案】

活动主题：学习花环操。

活动班级：中班（6 人）（为考核方便，设计 6 人班级场景）。

活动目标：

（1）让幼儿掌握花环操的基本动作。

（2）培养幼儿观察和模仿能力。

（3）培养幼儿对花环操的兴趣。

活动准备：各色花环若干（不少于 6 对）。

活动过程：

（1）组织幼儿排队到室外，先站成半圆开，教师提出活动要求。

（2）教师示范花环操一遍，并简单讲解动作要点。

（3）组织幼儿分节学习花环操。

（4）幼儿表演学习成果。

（5）总结学习情况。

1. 考核要求

（1）明确结构游戏活动前的准备、活动中的配合和活动后的整理工作要求。

（2）配合游戏活动方法正确、细致、全面。

2. 准备工作

1名教师，6名幼儿，花环若干。

3. 考核时限

完成该题操作基本时间为12 min；每超过2 min从本题总分中扣除10%，操作超过10 min本题0分。

4. 评分项目及标准

轻器械体操活动准备与配合评分项目及标准

评分项目	评分要点	配分	评分标准及扣分
1. 活动前的准备	检查活动场地	1	检查活动场地的安全性，清除水渍和杂物、排除场地中可能存在的安全隐患。1分 缺少此项扣除1分
	准备花环	2	按教师的活动要求，准备花环若干（数量不少于6个），如发现花环有坏损和脱落要及时修整；2分 准备花环数量不足扣除1分；花环有坏损扣除1分
	提醒幼儿小便	1	活动前提醒幼儿小便，特别提醒有特殊需要的幼儿。1分 缺少此项内容扣除1分
	提醒幼儿着装	1	提醒和帮助幼儿，根据天气情况及时增减衣服。1分 缺少此项内容扣除1分
	组织幼儿到活动场地	3	教师走在队前，保育员走在队尾；组织幼儿安全有序地下楼；排好队按指定位置进入操场。3分 以上每缺少一项扣除1分
2. 活动过程中的配合	帮助整理队形和发放花环	2	按教师活动要求，协助整理幼儿队形。1分 给每个幼儿发放花环。1分 以上每少一项扣除1分
	善于观察并辅导幼儿	4	站在队伍后面，帮助教师维持做操秩序。随时观察幼儿活动情况，及时制止幼儿的危险动作和不当行为，及时排除安全隐患。2分 示范和纠正个别幼儿的不规范动作。1分 关注特殊幼儿，做好个别观察记录。1分 以上每少一项扣除1分

续表

评分项目	评分要点	配分	评分标准及扣分
3. 活动后的整理	组织幼儿回教室	3	协助教师清点幼儿人数，整理密集队形。1 分 教师走在队前，保育员走在队尾，协助教师组织幼儿安全有序地返回教室。1 分 提醒每位幼儿安静、有秩序地喝水，关注每名幼儿的喝水量。1 分 以上每少一项扣除 1 分
	整理花环	1	收集好花环，摆放整齐，放到体操器材室或带回教室。1 分 不整理轻器械扣除 1 分
合计		18	

【题目 5】请根据以下户外体育活动方案，进行活动前的准备、活动中的配合和活动后的整理工作

【户外体育活动方案】

活动主题：老鹰捉小鸡。

活动班级：中班（6 人）（为考核方便，设计 6 人班级场景）。

活动目标：

（1）培养幼儿对活动内容的兴趣。

（2）训练幼儿躲闪的灵活性。

活动准备：鸡妈妈头饰 1 个，老鹰头饰 2 个。

活动过程：由教师扮演鸡妈妈，一名幼儿扮演老鹰，其余幼儿扮演鸡宝宝，老鹰要捉小鸡，鸡妈妈和鸡宝宝要及时躲闪，不被老鹰捉去。

1. 考核要求

（1）明确结构游戏活动前的准备、活动中的配合和活动后的整理工作要求。

（2）配合游戏活动方法正确、细致、全面。

2. 准备工作

1 位教师，6 名幼儿，鸡妈妈头饰 1 个，老鹰头饰 2 个。

3. 考核时限

完成该题操作基本时间为 15 min；每超过 2 min 从本题总分中扣除 10%，操作超过 10 min 本题 0 分。

4. 评分项目及标准

户外体育活动准备与配合评分项目及标准

评分项目	评分要点	配分	评分标准及扣分
1. 活动前的准备	检查活动场地	1	检查活动场地的安全性，清除水渍和杂物，排除场地中可能存在的安全隐患。1分 缺少此项扣除1分
	准备头饰	2	按教师的活动要求，准备鸡妈妈头饰1个，老鹰头饰2个，如发现头饰有坏损和脱落要及时修整。1分 准备头饰不足或有坏损扣除1分
	提醒幼儿小便	1	活动前提醒幼儿小便，特别提醒有特殊需要的幼儿。1分 缺少此项内容扣除1分
	提醒幼儿着装	1	提醒和帮助幼儿，根据天气情况及时增减衣服。1分 缺少此项内容扣除1分
	组织幼儿到活动场地	3	教师走在队前，保育员走在队尾；组织幼儿安全有序地下楼；排好队按指定位置进入操场。3分 以上每缺少一项扣除1分
2. 活动过程中的配合	帮助整理队形	1	按教师活动要求，协助整理幼儿队形。1分 缺少此项内容扣除1分
	善于观察并指导幼儿	5	站在队伍后面，帮助教师维持活动秩序。随时观察幼儿活动情况，及时制止幼儿的危险动作和不当行为，及时排除安全隐患。2分 活动时提醒并帮助个别幼儿穿脱衣服。1分 观察每个幼儿的活动量，发现幼儿适度疲劳时要提醒幼儿休息。避免幼儿过度疲劳损害幼儿身体健康。1分 关注特殊幼儿，做好个别观察记录。1分 以上每少一项扣除1分
3. 活动后的整理	组织幼儿回教室	3	协助教师清点幼儿人数，整理密集队形。1分 教师走在队前，保育员走在队尾，协助教师组织幼儿安全有序地返回教室。1分 提醒每位幼儿安静、有秩序地喝水，关注每名幼儿的喝水量。1分 以上每少一项扣除1分
	整理头饰和活动场地	2	收集好头饰，摆放整齐，放到体育器材室或带回教室。1分 不整理头饰或不整理场地扣除1分
合计		19	

【题目 6】请保育员就案例中孩子的问题与家长交流

【案例】

中一班的壮壮是个既活泼又调皮的男孩，他很聪明，画画很好，计算题也做得很不错，但有一个缺点也让保育员老师很头疼，他经常推打、抓伤别的小朋友，几乎每天都有小朋友哭着来告他的状。今天，他又把乐乐小朋友的脸抓伤了。保育员李老师决定和壮壮妈妈杜秀兰做一下沟通。请演示与家长个别交流沟通的过程。

1. 考核要求

能够正确地选择交流方式，并正确地演示交流过程。

2. 准备工作

1 间办公室、考官扮演壮壮妈妈。

3. 考核时限

完成该题操作基本时间为 8 min；每超过 2 min 从本题总分中扣除 10%，操作超过 6 min 本题 0 分。

4. 操作步骤（或流程）及其注意事项

(1) 保育员主动与家长做见面的寒暄并问好，融洽交流气氛。

(2) 简要说明此次交流的目的，共同促进孩子更好地发展。

(3) 交流过程：先优点后缺点，便于家长理解和配合。

5. 评分项目及标准

保育员与家长个别交流评分项目及标准

评分项目	评分要点	配分	评分标准及扣分
1. 见面寒暄	保育员精神状态	2	精神状态饱满，举止大方得体，态度友好亲和。能正确地称呼家长。(以上四点各 0.5 分，共 2 分) 以上四点每缺少一项扣除 0.5 分
	目光	1	眼睛看着家长脸部的三角部位（双眼和口之间），目光友好亲和。1 分 眼睛不看家长扣除 0.5 分，目光不够自然友好扣除 0.5 分
	微笑	1	保育员面带发自内心的微笑。1 分 面无笑容扣除 1 分，微笑勉强扣除 0.5 分
	合适的交谈距离	1	采用社交距离 1.2～3.5 m。1 分 距离太近或太远酌情扣除 0.5～1 分

续表

评分项目	评分要点	配分	评分标准及扣分
2. 交谈过程	明确交谈目的	2	简明扼要地陈述交谈目的：交流分析孩子的家、园情况，共同促进孩子的健康成长，让家长感觉到对孩子健康成长的重视。2 分 根据目的达成情况，酌情扣分
	先表扬	2	先肯定孩子优点和进步，如“壮壮很聪明，画画很好，计算题也做得很不错，我们幼儿园会更好地培养他，也希望家长给他提供更多锻炼的机会……”让家长感觉到老师对孩子的关注和喜爱。2 分 根据保育员的交谈表现酌情扣分
	后批评	2	能正确运用委婉的谈话艺术：表扬之后指出壮壮的缺点和不足，说明这样会影响壮壮日后的人际交往，并和家长一起分析壮壮好打人的原因，寻求家长的配合，帮助壮壮改掉这个缺点。2 分 根据保育员的交谈表现酌情扣分
3. 结束	友好结束谈话	1	最后感谢家长能抽出时间一起交流孩子的成长问题，共同祝愿壮壮能更全面地发展，更好地成长。并友好告别。1 分 根据保育员的交谈表现酌情扣分
合计		12	

【题目 7】以下是消毒记录表和家长联系记录表示例，请保育员任选其中一个并根据自己的学习和实践经验填写完整

餐具、用具消毒记录表

年　　月　　　　　　　　　　　　　　　　　　　　班次：

方法 餐用具 序号	水杯	餐具	手巾	餐桌椅	寝室	床铺	被褥	活动室	地板	玩教具	桌椅	厕所	负责人
1													
2													
3													
4													
5													
6													
7													
…													
29													

续表

方法＼餐用具 序号	水杯	餐具	手巾	餐桌椅	寝室	床铺	被褥	活动室	地板	玩教具	桌椅	厕所	负责人
30													
31													
消毒方法表示	紫外线 A；电消毒柜 B；消毒药液浸泡、擦洗 C；煮沸 D；高压蒸 E												

家长联系记录表

年　　月　　　　　　　　　　　　　　　　　　　　　　　　　班级：

时间	儿童姓名	与家长联系方式及内容	联系人
……	……	……	……

1. 考核要求

餐具、用具消毒记录表要求填写 1--7 日一周的消毒工作记录，要求消毒时间和方式要符合学前教育机构消毒要求。

家长联系记录表要求运用三种联系方式填写三项家长联系工作记录，内容自行设计。

2. 准备工作

打印好的记录表格、考试用笔。

3. 考核时限

完成该题操作基本时间为 5 min。

4. 评分项目及标准

餐具、用具消毒记录表

2011 年 11 月　　　　　　　　　　　　　　　　　　　　　　班次：中一班

方法＼餐用具 序号	水杯	餐具	手巾	餐桌椅	寝室	床铺	被褥	活动室	地板	玩教具	桌椅	厕所	负责人
1	B	D	E	C	A	A	A	A	C	C	C	C	
2	B	D	E	C	A	A	A	A	C	C	C	C	
3	B	D	E	C	A	A	A	A	C	C	C	C	
4	B	D	E	C	A	A	A	A	C	C	C	C	
5	B	D	E	C	A	A	A	A	C	C	C	C	
6													

续表

方法＼餐用具 序号	水杯	餐具	手巾	餐桌椅	寝室	床铺	被褥	活动室	地板	玩教具	桌椅	厕所	负责人
7													
…													
29													
30													
31													
消毒方法表示	紫外线 A；电消毒柜 B；消毒药液浸泡、擦洗 C；煮沸 D；高压蒸 E												

评分标准及扣分：此表总分 10 分，缺少或填错一项扣 1 分，扣完为止。

家长联系记录表

2011 年 11 月　　　　班次：小一班

时间	儿童姓名	与家长联系方式及内容	联系人
11 月 3 日中午	李欣然	电话联系。主要内容：李欣然到幼儿园后精神状态不是很好，询问孩子昨天在家的饮食、睡眠、大小便情况是否良好	李丽
11 月 9 日下午	朱鹏	个别交谈。主要内容：朱鹏近来衣服、头发总是不整洁，似乎缺少人照顾。希望家长多关注孩子的精神状况	李丽
11 月 16 日	张小雨	家访。主要内容：因意外伤害一周未来园，前去探望并送去其他小朋友的关怀	李丽
……	……	……	……

填表人：李丽

评分标准及扣分：此表总分 10 分，根据考生答题情况酌情给分。

第二部分　模拟试卷

初级保育员理论知识考试模拟试卷

一、判断题（下列判断正确的请在括号内打“√”，错误的请在括号内打“×”每题1分，共30分）

1. 食堂入口应启用不低于60 cm的挡鼠栅栏，防止老鼠进入，出口则不用挡鼠栅栏。（　）

2. 每次餐前、餐后和每次桌面活动后应该用干净的半干抹布擦拭桌面，以保持桌面的清洁。（　）

3. 当室温与外界温度相近时，可实行全天通风；在室外空气质量较差时（如雾天、大风天、沙尘暴等），也要坚持开窗通风。（　）

4. 含氯消毒剂主要用于学前教育机构中物体表面擦拭、地面喷洒或设施设备、玩教具消毒。（　）

5. 日晒消毒是将各类物品放在太阳下进行直接照射0.5 h，以达到用紫外线消毒灭菌的一种简便可行的消毒方法。（　）

6. 消毒灯工作时，门口的显眼处要有醒目提示，以防止幼儿或家长误入，造成人身伤害。（　）

7. 婴幼儿的生长发育是有阶段性和程序性的连续过程，由于遗传基因及环境条件的差异使得婴幼儿的生长发育具有一定的个体差异性。（　）

8. 体重超过按身高计算的标准体重30%～40%以上为轻度肥胖。（　）

9. 婴幼儿进入学前教育机构之前，必须接受健康检查，填写好健康情况表，对确定身体不健康和有传染病的婴幼儿，入园后保育员和教师要精心照顾。（　）

10. 婴幼儿进餐无须定时，可以随时饿了随时吃。（　）

11. 为了达到更好的防暑降温的效果，保育员可以将西瓜放到电冰箱里冷藏一段时间后再让婴幼儿食用。（　）

12. 头一天的剩饭倒掉很可惜，保育员可以把剩饭保存在电冰箱里，第二天加热后可以

继续让婴幼儿食用。（　　）

13. 通常情况下，婴幼儿的年龄越小，需水量就越少。（　　）

14. 边吃饭边喝水容易影响食物的消化和吸收，不利于身体健康。（　　）

15. 饮水前不需要组织婴幼儿洗手。（　　）

16. 组织婴幼儿盥洗时应尽量使用流动水，以确保水质卫生。（　　）

17. 为了减少疾病隐患，保育员应注意培养婴幼儿勤剪指甲、勤理发、勤换衣的习惯。（　　）

18. 上床睡觉前，保育员要提醒婴幼儿小便，以免尿床。（　　）

19. 经常晾晒被褥不仅可以预防疾病，而且能够提高睡眠质量。（　　）

20. 睡眠时间的长短与婴幼儿的身体生长和大脑发育有着密切的关系。（　　）

21. 学前教育机构中所有物品都属于公共财物，每一件物品都应该分类登记造册，明确物品数量、采购日期和使用人，以便定时清点管理。（　　）

22. 为了节省时间，保育员要把婴幼儿课上使用的玩教具提前出示并摆放好。（　　）

23. 保育员投放体育器械要讲求实用，并非越多越好、越新越好。（　　）

24. 保育员协助教师维持教学活动时，要避免分散孩子的注意力，不能喧宾夺主。（　　）

25. 在环境创设中，要为幼儿提供机会，使幼儿成为环境创设的参与者和创造者。（　　）

26. 对于5～6岁的幼儿，由于他们开始对游戏难度大的智力游戏（如棋类）更感兴趣，因此喜欢参加带竞赛性的智力游戏。（　　）

27. 登门拜访婴幼儿家长时，保育员可以休闲着装如穿拖鞋、短裤，以创造轻松氛围。（　　）

28. 保育员与家长之间的交往，一般就保持在公众距离上，如教师上课时站在讲台前面对一教室的学生时的距离。（　　）

29. 保育员应当每天对自己的工作进行反思和总结，必要时提出改进措施与方案。（　　）

30. 保育员做工作记录，是为了有效避免工作的漏洞，为日后职务提升做准备。（　　）

二、单项选择题（下列每题有4个选项，其中只有1个是正确的，请将其代号填写在横线空白处。每小题1分，共30分）

1. 环境清洁有利于婴幼儿养成良好的________习惯。

A. 生活卫生　　　　B. 饮食

C. 睡眠　　　　D. 学习

2. 蚊子主要传播乙型脑炎、________等危害人体健康的传染病。

A. 疟疾　　B. 肠炎

C. 流感　　D. 寄生虫病

3. 冬季每次开窗通风时间一般为________。

A. 5 min　　B. 15～20 min

C. 60 min　　D. 100 min

4. 被蒸汽消毒的物品应________放置，并留有空隙。

A. 交叉　　B. 均匀

C. 水平　　D. 垂直

5. 常用于皮肤消毒和医疗器械消毒的消毒剂有碘伏、碘酊和________。

A. 含氯消毒剂　　B. 过氧乙酸

C. 漂白粉　　D. 酒精

6. 瓶装 84 消毒液的浓度含量应为________。

A. 100～200 mg/L　　B. 300～400 mg/L

C. 400～700 mg/L　　D. 600～900 mg/L

7. 重度肥胖是指体重超过按身高计算的标准体重________。

A. 20%以上　　B. 20%～30%

C. 30%～50%　　D. 60%以上

8. 在学前教育机构工作的全体人员，________必须进行一次全面的健康检查。

A. 三个月　　B. 一年

C. 两年　　D. 三年

9. 为了避免餐具受到污染，分发餐具的最佳时间是________。

A. 餐前 10～20 min　　B. 餐前 5～10 min

C. 餐前 15～20 min　　D. 餐前 20～30 min

10. 一日三餐的搭配原则是________。

A. 早餐吃好、午餐吃饱、晚餐吃少　　B. 早餐吃好、午餐吃少、晚餐吃饱

C. 早餐不吃、午餐多吃、晚餐少吃　　D. 早餐多吃、午餐少吃、晚餐不吃

11. 婴幼儿用筷子吃饭的好处是________。

A. 有利于发展婴幼儿手部的精细动作

B. 可以很好地锻炼婴幼儿手眼协调的能力

C. 有助于婴幼儿大脑的发育

D. 以上说法都正确

12. 对婴幼儿来说，最好的饮料是________。

A. 牛奶　　B. 纯果汁

C. 白开水　　D. 碳酸饮料

13. 为保证水质新鲜，桶装饮用水通常要在________内用完。

A. 三天　　B. 一周

C. 十天　　D. 两周

14. 训练婴幼儿排尿的最佳时期是________。

A. 6个月　　B. 1岁

C. 1～2岁　　D. 2～3岁

15. 改善婴幼儿便秘应做到________。

A. 调整婴幼儿的饮食结构　　B. 及时补充水分

C. 培养定时大便的习惯　　D. 以上三点都包括

16. 在幼儿园盥洗环节中非常重要的一项内容是________。

A. 洗头　　B. 洗脚

C. 洗澡　　D. 洗手

17. 秋冬季节，婴幼儿洗澡、洗头的频率通常是________。

A. 三天一次　　B. 一周一次

C. 一月一次　　D. 半月一次

18. 下列物品中不属于就寝危险品的是________。

A. 发卡　　B. 扣子

C. 纸片　　D. 花生米

19. 下列各项活动，不适合安排在睡眠前进行的是________。

A. 桌面游戏　　B. 散步

C. 跳绳　　D. 讲故事

20. 为了避免室内设备出现安全隐患，最重要的管理措施是________。

A. 做好每件设备的登记入册

B. 摆放整齐

C. 定期清点

D. 加强保养，及时对坏损设备进行维修和更换

21. 学前教育机构在环境创设时，要注意室内墙壁装饰物的高度应当以________的视线为宜。

A. 教师　　B. 保育员

C. 幼儿　　　　D. 园长

22. 4 岁以下的婴幼儿一般较多采用的体操种类有________。

A. 模仿操　　　　B. 棍杆操

C. 圈环操　　　　D. 绳类操

23. 婴幼儿的角色游戏所需时间一般都较长，每次不能少于________。

A. 20 min　　　　B. 30 min

C. 40 min　　　　D. 50 min

24. 组织婴幼儿智力游戏的关键是控制好游戏的难度，适合的难度是________。

A. 难度适中　　　　B. 较难一些

C. 较容易一些　　　　D. 最容易

25. 婴幼儿创造性地反映现实生活的游戏，可以称为创造性游戏。下面的________不属于创造性游戏。

A. 主题角色游戏　　　　B. 音乐游戏

C. 建筑造型游戏　　　　D. 表演游戏

26. 要与家长保持平等关系，保证与家长顺利交谈的必要条件是________。

A. 多加肯定　　　　B. 多加表扬

C. 真诚交谈　　　　D. 尊重家长

27. 与别人交谈时，一般目光注视对方的________。

A. 眼睛　　　　B. 鼻子

C. 嘴巴　　　　D. 三角部位

28. 婴幼儿体育活动的负荷量处于适度疲劳时会出现________。

A. 脸色通红　　　　B. 满头大汗

C. 呼吸急促　　　　D. 动作协调

29. 保育员的平时记录应全面、细致，还应________客观。

A. 真实　　　　B. 系统

C. 艺术　　　　D. 灵活

30. 保育员的工作记录要规范、认真，并________。

A. 每天一次　　　　B. 每周两次

C. 每月四次　　　　D. 持之以恒

三、多项选择题（下列每题中的多个选项中，至少有 2 个是正确的，请将正确答案的代号填在横线空白处。每小题 2 分，共 40 分）

1. 环境清洁对婴幼儿身心发展的重要作用主要表现在________。

A. 环境清洁是婴幼儿身心健康的有效保障

B. 环境清洁可有效预防各类传染病

C. 环境清洁有利于婴幼儿养成良好的生活卫生习惯

D. 环境清洁有利于婴幼儿养成良好的学习习惯

E. 环境清洁有利于婴幼儿良好性格的养成

2. 学前教育机构中消灭老鼠的有效措施是________。

A. 物理灭鼠　　B. 生态灭鼠

C. 生物灭鼠　　D. 药物灭鼠

3. 在________的天气条件下，应避免开窗通风。

A. 雾天　　B. 大风天

C. 沙尘暴　　D. 多云

4. 煮沸消毒一般适用于________等耐热物品。

A. 餐饮具　　B. 毛巾

C. 餐巾　　D. 服装

E. 床单

5. 不仅测试方便，而且能为准确评价婴幼儿生长发育水平提供重要信息的指标是________。

A. 皮下脂肪　　B. 体重

C. 头围　　D. 身长（身高）

6. 世界卫生组织列为世界范围内的重点防治对象的“小儿四病”包括________。

A. 缺铁性贫血　　B. 维生素D缺乏性佝偻病

C. 肺炎　　D. 婴幼儿腹泻

7. 晨检工作就是要认真做好________。

A. 一看　　B. 二问

C. 三摸　　D. 四查

8. 秋冬季节饭菜保温的方法有________。

A. 加盖容器盖　　B. 盖上棉布垫

C. 盖上防蝇罩　　D. 放在暖气旁

9. 保育员在分发餐具前需要做好的准备工作有________。

A. 穿好隔离衣　　B. 将餐桌消毒并擦拭干净

C. 洗手　　D. 戴好隔离帽

10. 下面关于饮水对婴幼儿健康意义的描述正确的是________。

A. 提高机体的抵抗力　　B. 保持大便通畅
C. 保证新陈代谢正常进行　　D. 保持咽喉部清洁

11. 组织盥洗时，保育员应提醒婴幼儿注意的事项有________。
A. 不拥挤、不打闹　　B. 不玩水
C. 擦肥皂要适度　　D. 毛巾挂在固定位置

12. 下面________情形下要及时洗手。
A. 饭前便后　　B. 户外活动结束后
C. 擦鼻涕、咳嗽后　　D. 从医院出来

13. 睡眠对婴幼儿身体健康的意义有________。
A. 增加体重　　B. 缓解疲劳
C. 促进大脑发育　　D. 有利于长高

14. 婴幼儿时期因睡眠不足带来的危害有________。
A. 影响长高　　B. 影响心理健康
C. 机体的免疫力降低　　D. 影响大脑发育

15. 学前教育机构的物品管理制度一般包括________。
A. 婴幼儿书包、衣物等由各班老师安排固定放置位置，贴上标签做好标记
B. 玩具、教具、学习用品、婴幼儿日常生活用品等物品由各班老师安排固定放置位置，贴上标签做好标记
C. 婴幼儿水杯、毛巾放置在水杯、毛巾的固定位置，做上标记，专人专用
D. 领取物品时须填写领用登记表，不可未经允许拿用学前教育机构物品，借用须及时归还

16. 保育员应当通过以下几个方面来观察幼儿的运动负荷量是否适宜，如________。
A. 面色　　B. 汗量
C. 呼吸　　D. 情绪

17. 婴幼儿体育活动场地安全检查，一般要包括事先检查地面有无________等因素。
A. 积水　　B. 沙石
C. 坑洼　　D. 塑垫

18. 教学游戏通常按学科科目来区分其教学职能，如________。
A. 体育游戏　　B. 智力游戏
C. 语言游戏　　D. 音乐游戏

19. 保育员不仅要善于向家长反映孩子的在园情况，更要善于聆听，在家长讲话时，要积极地给家长以反馈，并注意从________等方面支持和鼓励家长表达自己的观点。

A. 服饰　　B. 体态

C. 表情　　D. 语言

20. 保育员做保育工作反思与总结时应当注意的事项是________。

A. 反思要中肯　　B. 总结要深刻

C. 自我评价要客观　　D. 提出改进措施与方案

初级保育员理论知识考试模拟试卷参考答案

一、判断题

1. ×	2. √	3. ×	4. √	5. ×	6. √	7. √	8. ×	9. ×
10. ×	11. ×	12. ×	13. ×	14. √	15. ×	16. √	17. √	18. √
19. √	20. √	21. √	22. ×	23. ×	24. √	25. √	26. √	27. ×
28. ×	29. √	30. ×						

二、单项选择题

1. A	2. A	3. B	4. D	5. D	6. C	7. C	8. B	9. D
10. A	11. D	12. C	13. B	14. C	15. D	16. D	17. B	18. C
19. C	20. D	21. C	22. A	23. B	24. A	25. B	26. D	27. D
28. D	29. A	30. D						

三、多项选择题

1. ABC	2. ABC	3. ABC	4. ABCDE	5. BCD
6. ABCD	7. ABCD	8. ABD	9. ABCD	10. ABCD
11. ABCD	12. ABCD	13. BCD	14. ABCD	15. ABCD
16. ABCD	17. ABC	18. ABCD	19. BCD	20. ABCD

初级保育员操作技能考核模拟试卷

【题目 1】清洁水杯（5 分）

1. 考核要求

考生能正确选择清洁水杯的清洁工具，掌握清洁水杯的基本步骤和动作要领。

2. 准备工作

幼儿水杯 1 只、清洁水杯的专用百洁布 1 块、洗涤剂 1 瓶。

3. 考核时限

完成该题操作基本时间为 3 min；每超过 1 min 从本题总分中扣除 5%，操作超过 6 min 本题 0 分。

4. 评分项目及标准

清洁水杯评分项目及标准

评分项目	评分要点	配分	评分标准及扣分
清洁水杯	第一次冲洗	1	在流动的水龙头下淋湿冲洗 1 遍。1 分 不完全淋湿者扣除 1 分，不冲洗者不得分
	去水渍	2	用百洁布蘸洗洁精彻底清刷水杯内外去水渍。2 分 未正确使用百洁布和洗洁精扣除 1 分，杯内外有污渍者视情况扣除 0.5～1 分
	第二次冲洗	2	用清水冲洗水杯内外 2 遍使杯内无洗涤剂残留。2 分 冲洗遍数不够扣除 1 分，冲洗不干净有残留者扣除 1 分
合计		5	

【题目 2】消毒塑料玩具（10 分）

1. 考核要求

考生能熟悉消毒塑料玩具的基本方法，掌握消毒塑料玩具的基本步骤和动作要领。

2. 准备工作

1 组幼儿塑料玩具、1∶200 的 84 消毒液、消毒箱、塑料筐。

3. 考核时限

完成该题操作基本时间为 40 min；每超过 1 min 从本题总分中扣除 5%，操作超过

50 min本题0分。

4. 评分项目及标准

消毒塑料玩具评分项目及标准

评分项目	评分要点	配分	评分标准及扣分
1. 清洗	清洗干净彻底	1	用清水将塑料玩具冲洗干净。1分 未冲洗彻底扣除1分
2. 消毒	消毒液的选择及配比	2	使用有效氯含量为400～700mg/L的84消毒液；有效氯含量不够者不得分
	消毒的方法	3	用专用消毒箱使用1∶200的84消毒液将塑料玩具浸泡。3分 消毒液浓度不够者不得分，未使用专用消毒箱者扣除1分
	消毒的时间	2	消毒液浸泡时间为15～30 min。2分 滞留时间不足10 min者不得分
3. 清洗	清洗残留消毒液	2	用清水将塑料玩具上残留消毒液冲洗干净并放在塑料框内在阳光下晾晒。2分 冲洗不彻底者扣除0.5分，未在阳光下晾晒者扣除1分
合计		10	

【题目3】描述指导一中班幼儿服用液体药物环节的工作流程（13分）

1. 考核要求

考生指导婴幼儿服药的方法正确，记录全面，语言辅助讲解全面清晰。

2. 准备工作

隔离衣、隔离帽、洗手液、肥皂、清水、婴幼儿服药记录表、药物、开水、量杯。

3. 考核时限

完成该题操作基本时间为5 min；每超过1 min从本题总分中扣除5%，操作超过7 min本题0分。

4. 评分项目及标准

指导幼儿服用液体药物评分项目及标准

评分项目	评分要点	配分	评分标准及扣分
服药	核对	2	服药前认真核对幼儿姓名、药名、药量、服用方法、服药时间。2分 没有核对者不得分。少核对一项扣除0.5分，扣完为止
	劝说幼儿服药	2	说明服药是为了身体健康和舒适，鼓励幼儿大胆、勇敢地吃药。2分 不鼓励幼儿积极配合服药者不得分

续表

评分项目	评分要点	配分	评分标准及扣分
服药	指导幼儿掌握正确的吃药方法	3	按规定的单次药量，把液体药物倒入量杯内，看着幼儿大口地喝下；然后再递上事先晾好的温开水，让幼儿喝下，以便把液体药液全部冲下。3 分 液体药量多少不准确者扣除 1 分；不看着幼儿服用者扣除 1 分；幼儿吃药后不给幼儿喝下温开水冲下药液者扣除 1 分
	填写服药记录表	2	幼儿服药后，保育员要在幼儿服药记录表上签字。2 分 服药后不做服药签字者扣除 1 分
	指导幼儿休息	2	指导服药后的幼儿要安静一会儿，不要马上剧烈活动。2 分 服药者不指导幼儿安静休息者扣除 1 分
	收好剩余的药物	2	将剩余的药物贴上标签，放置在幼儿接触不到的固定位置。2 分 不贴标签存放好药物者扣除 1 分
合计		13	

【题目 4】模拟为一位大班幼儿添加饭菜的工作流程（10 分）

1. 考核要求

考生能掌握拿取餐具、添加饭菜的动作要领及注意事项。

2. 准备工作

隔离衣，隔离帽，洗手液，肥皂，消毒水，清水，抹布，小中大号餐具各 1 套（碗、盘、勺、筷子），饭桶、大饭勺、夹子各 1 个，小半桶水，面食（馒头、包子、花卷）模型若干，饭桌 1 张。

3. 考核时限

完成该题操作基本时间为 6 min；每超过 1 min 从本题总分中扣除 5%，操作超过 8 min 本题 0 分。

4. 评分项目及标准

为大班幼儿添加饭菜工作的评分项目及标准

评分项目	评分要点	配分	评分标准及扣分
1. 添加菜汤	添加菜汤的用具	2	使用公用勺。2 分 用非公用勺添加菜汤扣除 1 分
	添加菜汤的动作	2	从幼儿侧面递送。2 分 从幼儿头顶越过扣除 2 分
	添加菜汤的量	2	菜汤盛到碗口约 2/3 处。2 分 盛得太满或盛得太少扣除 1～2 分

续表

评分项目	评分要点	配分	评分标准及扣分
2. 添加面食	添加面食的用具	2	用公用夹夹取。2分 用手拿取扣除2分
	面食放置的位置	2	面食放置在餐盘中。2分 面食直接放置在餐桌上扣除2分
合计		10	

【题目5】示范讲解指导婴幼儿饮水的动作要领（8分）

1. 考核要求

示范讲解导婴幼儿饮水的动作要领。

2. 工作准备

盛有水的保温桶1个、清水1盆、白开水1壶、水杯1个、小椅子1把。

3. 考核时限

完成该题操作基本时间为6 min；每超过1 min从本题总分中扣除5%，操作超过8 min本题0分。

4. 评分项目及标准

准备饮用水及指导婴幼儿饮水工作的评分项目及标准

评分项目	评分要点	配分	评分标准及扣分
指导婴幼儿饮水	拿水杯的要求	2	有秩序地去拿水杯。2分 不强调有秩序扣除1分
	接水的要求	2	一手握杯柄，一手按压水龙头接半杯水。2分 不强调接半杯水扣除1分
	饮水的要求	2	手握杯柄，一手扶杯小口喝水。2分 只用一只手拿杯子扣除0.5分
	水杯放置的要求	2	喝完后指导婴幼儿将杯子放回原处。2分 不指导婴幼儿将杯子放回原处扣除1分
合计		8	

【题目6】简单陈述指导中、大班幼儿擦屁股和整理衣裤的工作要点（10分）

1. 考核要求

简单陈述指导中、大班幼儿擦屁股和整理衣裤的工作要点。

2. 工作准备

穿衣服的娃娃1个。

3. 考核时限

完成该题操作基本时间为2 min；每超过1 min从本题总分中扣除5%，操作超过5 min本题0分。

4. 评分项目及标准

指导中、大班幼儿擦屁股和整理衣裤工作的评分项目及标准

评分项目	评分要点	配分	评分标准及扣分
1. 擦屁股的方法	卫生纸的使用方法	2	将卫生纸对折，擦屁股一次。1分 将卫生纸再对折擦净。1分 每少一项扣除1分
	擦屁股的顺序	2	从前往后擦。2分 擦拭顺序错误扣除2分
2. 整理衣裤的方法	提好裤子	2	站起，提好裤子，并把裤子拉正。2分 未整理好裤子扣除1分
	整理上衣	2	把内衣掖到裤子里，并整理好上衣。2分 没有把内衣整理好扣1分；未整理好上衣扣除1分
	便后冲厕、洗手	2	便后冲厕1分；不冲厕不得分
			便后洗手1分；不洗手不得分
合计		10	

【题目7】陈述指导婴幼儿睡眠前脱衣服和衣服摆放的工作要点（6分）

1. 考核要求

掌握指导婴幼儿睡眠前脱衣服和衣服摆放的工作要点。

2. 考核时限

完成该题操作基本时间为5 min；每超过1 min从本题总分中扣除5%，操作超过8 min本题0分。

3. 评分项目及标准

指导婴幼儿睡眠前脱衣服和衣服摆放的工作要点

评分项目	评分要点	配分	评分标准及扣分
1. 指导婴幼儿脱衣服	掌握正确的脱衣顺序	3	鞋——袜子——裤子——上衣3分 顺序错误不得分
2. 衣物摆放	衣物摆放整齐	3	衣服叠放在床角或搭在床栏。3分 鞋子摆放在床下。0.5分 袜子放在鞋子里。0.5分 以上内容每少一项扣除0.5分
合计		6	

【题目 8】请根据以下户外体育活动方案，进行活动前的准备、活动中的配合和活动后的整理工作（20 分）

【户外体育活动方案】

活动主题：老鹰捉小鸡。

活动班级：中班（6 人）（为考核方便，设计 6 人班级场景）。

活动目标：

（1）培养幼儿对活动内容的兴趣。

（2）训练幼儿躲闪的灵活性。

活动准备：鸡妈妈头饰 1 个，老鹰头饰 2 个。

活动过程：由教师扮演鸡妈妈，一名幼儿扮演老鹰，其余幼儿扮演鸡宝宝，老鹰要捉小鸡，鸡妈妈和鸡宝宝要及时躲闪，不被老鹰捉去。

1. 考核要求

（1）明确结构游戏活动前的准备、活动中的配合和活动后的整理工作要求。

（2）配合游戏活动方法正确、细致、全面。

2. 准备工作

1 位教师，6 名幼儿，鸡妈妈头饰 1 个，老鹰头饰 2 个。

3. 考核时限

完成题操作基本时间为 15 min；每超过 2 min 从本题总分中扣除 10%，操作超 10 min 本题 0 分。

4. 评分项目及标准

户外体育活动准备与配合评分项目及标准

评分项目	评分要点	配分	评分标准及扣分
1. 活动前的准备	检查活动场地	2	检查活动场地的安全性，清除水渍和杂物，排除场地中可能存在的安全隐患。2 分 缺少此项扣除 2 分
	准备头饰	2	按教师的活动要求，准备鸡妈妈头饰 1 个，老鹰头饰 2 个，如发现头饰有坏损和脱落要及时修整。1 分 准备头饰不足或有坏损扣除 1 分
	提醒幼儿小便	1	活动前提醒幼儿小便，特别提醒有特殊需要的幼儿。1 分 缺少此项内容扣除 1 分
	提醒幼儿着装	1	提醒和帮助幼儿，根据天气情况及时增减衣服。1 分 缺少此项内容扣除 1 分

续表

评分项目	评分要点	配分	评分标准及扣分
1. 活动前的准备	组织幼儿到活动场地	3	教师走在队前，保育员走在队尾；组织幼儿安全有序地下楼；排好队按指定位置进入操场。3分 以上每缺少一项扣除1分
2. 活动过程中的配合	帮助整理队形	1	按教师活动要求，协助整理幼儿队形。1分 缺少此项内容扣除1分
	善于观察并指导幼儿	5	站在队伍后面，帮助教师维持做操秩序。随时观察幼儿活动情况，及时制止幼儿的危险动作和不当行为，及时排除安全隐患。2分 活动时提醒并帮助个别幼儿穿脱衣服。1分 观察每名幼儿的活动量，发现幼儿适度疲劳时要提醒幼儿休息。避免幼儿过度疲劳损害幼儿身体健康。1分 关注特殊幼儿，做好个别观察记录。1分 以上每项根据分值相应扣分
3. 活动后的整理	组织幼儿回教室	3	协助教师清点幼儿人数，整理密集队形。1分 教师走在队前，保育员走在队尾，协助教师组织幼儿安全有序地返回教室。1分 提醒每名幼儿安静、有秩序地喝水，关注每名幼儿的喝水量。1分 以上每少一项扣除1分
	整理头饰和活动场地	2	收集好头饰，摆放整齐，放到体育器材室或带回教室。1分 不整理头饰或不整理场地扣除1分
合计		20	

【题目9】请保育员就案例中孩子的问题与家长交流（18分）

【案例】

中一班的壮壮是个活泼又调皮的男孩，他很聪明，画画很好，计算题也做得很不错，但有一个缺点也让保育员老师很头疼，他经常推打、抓伤别的小朋友，几乎每天都有小朋友哭着来告他的状。今天，他又把乐乐小朋友的脸抓伤了。保育员李老师决定和壮壮妈妈杜秀兰做一下沟通。请演示与家长个别交流沟通的过程。

1. 考核要求

能够正确地选择交流方式，并正确地演示交流过程。

2. 准备工作

1间办公室、考官扮演壮壮妈妈。

3. 考核时限

完成该题操作基本时间为 8 min；每超过 2 min 从本题总分中扣除 10%，操作超过 6 min 本题 0 分。

4. 操作步骤（或流程）及其注意事项

（1）保育员主动与家长做见面的寒暄并问好，融洽交流气氛。

（2）简要说明此次交流的目的，共同促进孩子更好地发展。

（3）交流过程：先优点后缺点，便于家长理解和配合。

5. 评分项目及标准

保育员与家长个别交流评分项目及标准

评分项目	评分要点	配分	评分标准及扣分
1. 见面寒暄	保育员精神状态	2	精神状态饱满，举止大方得体，态度友好亲和。能正确地称呼家长。（以上四点各 0.5 分，共 2 分） 以上四点每缺一项扣除 0.5 分
	目光	2	眼睛看着家长脸部的三角部位（双眼和口之间），目光友好亲和。1 分 眼睛不看家长扣除 0.5 分，目光不够自然友好扣除 0.5 分
	微笑	2	保育员面带发自内心的微笑。1 分 面无笑容扣除 1 分，微笑勉强扣除 0.5 分
	合适的交谈距离	2	采用社交距离 1.2～3.5 m。1 分 距离太近或太远酌情扣除 0.5～1 分
2. 交谈过程	明确交谈目的	2	简明扼要地陈述交谈目的：交流分析孩子的家、园情况，共同促进孩子的健康成长，让家长感觉到对孩子健康成长的重视。2 分 根据目的达成情况，酌情扣分
	先表扬	2	先肯定孩子优点和进步，如“壮壮很聪明，画画很好，计算题也做得很不错，我们幼儿园会更好地培养他，也希望家长给他提供更多锻炼的机会……”让家长感觉到老师对孩子的关注和喜爱。2 分 根据保育员的交谈表现酌情扣分
	后批评	2	能正确运用委婉的谈话艺术：表扬之后指出壮壮的缺点和不足，说明这样会影响壮壮日后的人际交往，并和家长一起分析壮壮好打人的原因，寻求家长的配合，帮助壮壮改掉这个缺点。1 分 根据保育员的交谈表现酌情扣分
3. 结束	友好结束谈话	2	最后感谢家长能抽出时间一起交流孩子的成长问题，共同祝愿壮壮能更全面地发展，更好地成长。并友好告别。1 分 根据保育员的交谈表现酌情扣分
合计		16	